# CITY
# シティ・ポップとラジカセ
# POP
## & BOOMBOX

編著　開発社

Looking back on
the cassette tape culture!

70～80年代の
カセットテープ・
カルチャーを
振り返る

70〜80年代のカセットテープ・カルチャーを振り返る

# CONTENTS

# シティ・ポップとラジカセ

CITY POP & BOOMBOX

表紙イラスト　鈴木英人
編集　藤本晃一（開発社）
デザイン　杉本龍一郎（開発社）、片岡圭子
編集協力　重田龍馬

## アーティストたちが語ったシティ・ポップ

稲垣潤一 — 4

杉真理 — 10

懐かしの4大ブランド代表モデルを写真で振り返る
カセットテープ・ギャラリー — 16

どんな音楽がそう呼ばれる?
「シティ・ポップ」を音楽的に定義する — 32

ビギナー必聴の20枚を厳選紹介!
シティ・ポップ名盤選 — 38

60年代から始まる栄枯盛衰を振り返る
ニッポンのカセットテープ史 — 45

黄金時代に開発に関わったOBによる証言
TDKカセットテープ — 50

新ブランド立ち上げに関わったOBによる証言
AXIAカセットテープ — 56

「宝箱」に秘められた録音のメカニズムを知る
カセットテープの構造と特性 — 62

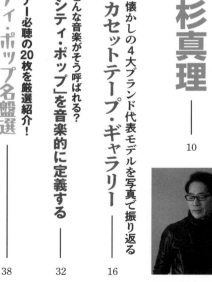

所有するカセットの数はなんと2万個！
Z世代のカセットテープ・コレクター —— 66

FM、カセットテープ、鈴木英人、シティ・ポップ……元編集長が振り返る
FMステーション回顧録 —— 72

各誌こんな特徴でした！
プレイバック4大FM情報誌 —— 78

アーティストたちが語ったシティ・ポップ


鈴木茂 —— 82

伊藤銀次 —— 88

EPO —— 94

群雄割拠の時代、各社がしのぎを削って作った名機たち
ヴィンテージ
ラジカセ・ギャラリー —— 100

もっと身近だった
カセットテープ再生機の進化を辿る
ニッポンのラジカセ史 —— 104

驚きの機能を搭載した
黄金期のラジカセ —— 110

音楽の聴き方を変えたカセットテープの相棒
ウォークマンと
ヘッドフォン・ステレオ —— 112

あんなブランド、こんなメーカーがありました！
懐かしのオーディオ・メーカー —— 116

オーディオが花形だった時に開発に関ったOBによる証言
ビクター・カセットデッキ —— 120

今の時代にカセットテープを聴くのなら —— 126

TALKING ABOUT CITY POP.

アーティストたちが語ったシティ・ポップ

Junichi Inagaki

2022年に40周年を迎えた
〝たたき語り〟シンガー

# 稲垣潤一

**2023年現在、海外から飛び火した形ながら日本でも再評価され、ブームとなっている昭和のシティ・ポップ。当のアーティストは、どのような想いを曲に込めていたのか。80年代に数多くのヒット曲を生んだ稲垣潤一氏が当時を語る！**

取材・文／川合拓郎
撮影／榎本壮三

かわい　たくろう
1970年生まれ。雑誌、書籍から企業ウェブサイトに掲載する文章まで、オールジャンルのライティング請負人。趣味は音楽鑑賞で、ジャズ、ソウルが好み。1990年代に手持ちのレコードを売り、CDで買い直していたことを今さらながら後悔している口。

いながき　じゅんいち
宮城県仙台市出身。中学時代にドラムを始め、高校時代からバンド活動を開始。高校卒業後、ディスコ、米軍キャンプなどで演奏する〝箱バン〟活動を経て、1982年「雨のリグレット」でレコードデビュー。2022年に40周年を迎えた、日本を代表するシンガーだ。

TALKING ABOUT

Y POP.

## 邦楽はほとんど聞かずに洋楽ばかり聴いていた青春時代

１９７０年代半ばから80年代にかけて、日本の音楽シーンを彩ったシティ・ポップ。２０２０年末ごろ、海外で再評価されたのを機に〝逆輸入〟という形で日本でも再ブームが到来しているのはご承知の通りだ。

シティ・ポップの定義については有識者にしても意見が分かれるところだが、渦中にいたアーティスト自身は、当時をどう振り返るのだろうか。１９８２年1月、シングル「雨のリグレット」でデビューし、２０２２年に40周年を迎えた稲垣潤一に話を聞いた。

「80年代前半の時点では、シティ・ポップという言葉自体は一般的ではなかったように思います。僕自身、当時はまだ〝ニューミュージックの稲垣潤一〟と呼ばれていましたしね」

レコードショップにもシティ・ポップという棚はなかったのではと振り返る稲垣。

「ただデビューするにあたって、僕がやりたかった音楽が、当時の歌謡曲とは違うところにあったという点は事実としてあるんです」

稲垣が目指していた音楽、それは〝洋楽〟。小学4年生のときにビートルズを聞いて以来、ほとんどと言っていいほど、邦楽を聴いてこなかった。ドラムを始め、中学高校に組んだバンドでは、ローリング・ストーンズやベンチャーズなどをコピー。箱バン時代、ドラムを叩きながら歌うようになってからは、ビートルズほかキャロル・キング、スティービー・ワンダー、ビリー・ジョエルなどをよく歌ったそうだ。

「ですから、僕の耳が洋楽志向になっていたんだと思いますが……それまでの歌謡界にはない、洋楽的な曲を歌いたいという気持ちがあったんです。しかもそれは僕だけではなく、デビュー作を担当してくれた東芝ＥＭＩの第2制作のスタッフ、ディレクター、プロデューサー、そしてアレンジを担当してくれた井上鑑さん、みんな想いが一緒だったんです」

改めて稲垣潤一ファーストアルバム『２４６：３ＡＭ』（１９８２年7月リリース）を聴いてみると、素人耳にも当時のいわゆる歌謡曲との違いは歴然。専門家に言わせればコード進行やアレンジ、楽器編成といった話になるのだろうが……とにもかくにも、同じような洋楽体験をしてきた人間が集まり、自分たちが好きな音楽を目指した作った曲が、今日、シティ・ポップと呼ばれるようになる。ならば〝洋楽っぽさを感じるサウンド〟であるということが、シティ・ポップのひとつの定義であると言えそうだ。

## 秋元康との出会いが生んだ「ドラマティック・レイン」

さらに、サウンド面に関しては稲垣氏のドラマーならではの視点も加わる。

「ビートルズにしても、僕はリズム、ビートを聞いてる感がある。そういう意味では当時の歌謡曲は、僕個人的には、リズムが少し野暮ったく聞こえていたんです（笑）。ですから、自分がデビューする際に一番目指したのはそこ。日本語の歌詞を、いかに気持ちよくオケにのせて歌うかという点でした」

日本語の歌詞をリズムに乗せて歌うことに関しては、いまだに難しく感じることがあると言う稲垣氏。しかし、日本語の歌詞であったからこそ、開けた世界がそこにはあった。

「リスナーの方からよく『稲垣さんの曲は映画のワンシーンみたいですね』と言われるんですが……逆に言うと、僕らはそこを狙っていたんです。リスナーの頭の中に絵が思う浮かぶ曲。個人的には、そういう歌詞を持つ歌だということも、シティ・ポップのひとつの定義だろうと思ったりもします」

１９８０年当時はウォークマン全盛期。みんながカセットテープに音楽を入れ、外に持ち出すようになった時代だ。

「冬であればスキー場で、夏であれば海で僕の音楽を聴く。すると、その人が見ている景色がミュージックビデオになる」

前述したファーストアルバムでは「雨のリグレット」をはじめ、5曲の作詞を湯川れい子が担当。アルバムは

## 洋楽っぽいサウンドに日本語を乗せた曲がやりたかった

サウンド面、歌詞の世界観ともに高評価を得るのだが……稲垣氏はこのアルバムで、ある作詞家と運命的な出会いを果たす。その人物こそ、誰あろう秋元康。

「実は、僕の歌手デビューと秋元さんの作詞家デビューはほぼ同時期なんです」

当時、新人だった秋元は、ファーストアルバムの1曲目に収録されている「ジンで朝まで」の作詞を担当。この1曲がスタッフ陣営の心をつかんだ。

「みんなが『秋元さん、いいよね』って。で、セカンドアルバムでは9曲中6曲の作詞を彼にお願いすることになったんです」

そして生まれたのが、稲垣氏にとっても秋元氏にとっても出世作となる「ドラマティック・レイン」だ。この曲はCMにも起用され大ヒット。稲垣は82年7月にファーストアルバムをリリースしてからわずか14カ月後の1983年9月、3枚目のアルバム『J.I.』を発売することになる。

「このアルバムからは『夏のクラクション』が生まれました。僕のアルバムの中で、シティ・ポップという意味での完成形はどれかと問われれば、このアルバムということになると思います」

「夏のクラクション」に関しては、ディレクターの要求が厳しく、歌入れだけで1週間のスタジオ通い。実に100テイク以上を重ねたのだそうだ。

## 40年越しで出演した シティ・ポップ・イベント

こうして、激動とも言える82年〜83年を経た後も、コンスタントにアルバムをリリース。CMやドラマほかのタイアップ曲も含め、シングル曲を次々ヒットチャートに送り込むことになる稲垣氏。直近では2022年3月に『稲垣潤一 meets 林哲司』というコンピレーションアルバムをリリースしている。

「これは、作曲家の林哲司さんがこれまで僕に提供してくれた曲をまとめた編集版なんですが、新曲が2曲入っているんです」

そのうちの1曲「哀しみのディスタンス」については、制作過程で林氏とこんな話をしたそうだ。

「この曲はシティ・ポップの王道でいこう」

作詞に松井五郎氏、アレンジは「ドラマティック・レイン」を共に作り上げた船山基紀氏が担当。まさに80年代の洋楽を彷彿とさせるシティ・ポップ感あふれるサウンドに仕上がった。

そして、2023年1月にはWOWOWプラス主催のイベント『The シティポップ in 六本木』に出演。

「実は、デビューした82年に『シティポップ・フェスティバル』というイベントに出たんですよ。40年越しでシティ・ポップと名の付くイベントに呼んでもらえて、感慨深かったですね（笑）」

現在でもライヴを中心に、精力的な活動を続けている稲垣。今後の抱負を尋ねると、

「ドラムを叩きながら歌う人間は絶滅危惧種ですからね（笑）。これからも頑張って〝たたき語り〟を続けていきたいと思ってます」

そう言って笑顔を見せた。

## これからも頑張って〝たたき語り〟を続けていきます

TALKING ABOUT CITY POP.

アーティストたちが語ったシティ・ポップ

Masamichi Sugi

ほろ苦くも美しい
わがポップス青春時代

# 杉真理

**幼い頃に欧米のポップスとビートルズに衝撃受けた最初の世代として、杉真理は古くて新しい音楽を提案し続けてきた。ポップス好きは常に少数派だったと語る彼の青春時代と近年ブームのシティ・ポップについて話を伺った。**

取材・文／真鍋新一
撮影／榎本壯三

まなべ　しんいち
1987年、東京都生まれ。映画とビートルズと歌謡曲を中心に、編集や執筆を担当。主な寄稿に『レコード・コレクターズ』『昭和40年男』など。ラジオ番組のDJとしてレコードの音を届ける活動もしています。Twitter：@manabe_atwork

すぎ　まさみち
福岡県福岡市博多区生まれ。大学在学中から竹内まりやらと活発な音楽活動を展開し、1977年にデビュー。他アーティストへの提供曲や「ウイスキーが、お好きでしょ」などのCMソングの作曲は300以上。厳選した楽曲がCD BOX『Mr. Melody ～杉真理提供曲集～』としてリリースされた。

## ビートルズ解散のショックから自分の進む道を切り拓く長い旅へ

「実はシティ・ポップがブームという実感はあんまりなくて（笑）、僕は都会生まれじゃないのになんだか申し訳ないなと思うぐらいなんですよ。ただ最近、ステージで歌いながら客席を見ていると、海外から来てくれたのかな？　という感じの人がちらほら見えて、そこで、あぁ、これはそういうことなのかな？　と、ぼんやり感じています」

福岡で生まれた杉は、小学生の頃に東京へ移住。そこで父親が買ってきたラジオで洋楽を聴くようになり、中学を卒業するまでの多感な時期にビートルズと出会う。そのビートルズの解散を知ったのは、高校時代に福岡へ戻ってほどなく経った頃だった。

「ビートルズを聴いていれば間違いがなかったのに、解散になっちゃって、あまりのショックでなにを聴いていいのかわからなくなってしまいました。だから好きな音楽は自分で見つけるしかないんだと前にも増してレコード屋に通って、ラジオを聴いて……そこから長い旅が始まったんです」

大学進学のために再び上京。すぐにたくさんの仲間たちと出会えるのかと思いきや、１９７０年代半ばの東京でさえ、ポップスを志すにはまだ状況が整っていなかった。

「サークルに入ろうと思ったら、あるのはジャズ研、ロック研、フォーク研……ポップスっていつも中間色だから、扱いがひどいんですよ。キャロル・キングやジェームス・テイラーをコピーしている先輩をやっと見つけたのが唯一で、それがReal McCOYs（リアル・マッコイズ）。いまや創立60周年の名門ですが、当時は部室もなくて、いつも学食に集まっているような弱小クラブでした。結局、その先輩もすぐ学校を辞めてアメリカに行っちゃって、僕が先輩のグループを引き継ぐことになった。どうする？　それならオリジナルで曲を作るしかないなとなった頃、聴きに来てくれた新入生が竹内まりやです。『そのオリジナル、いいですね』、『じゃあ、コーラスをやってくれない？』。そんなやりとりがあって。それからいろんなコンテストに出るようになってから青山純や安部恭弘と知り合って、メンバーが増えていったんです」

1974年にはヤマハ主催のポピュラーソングコンテストの東京大会に出場。同じ大会の出場者には佐野元春の姿もあった。

「当時はまだフォークが強かったですね。ここでもポップの居場所がなかった。ロックをやる人もいたけれど、音がでかいだけで演歌じゃないの？ なんて思ったり。そのなかで佐野くんだけは違いました。ホルンを吹くメンバーが2人もいて、ビートルズみたいなことをやっていましたよ。僕は僕で、レオン・ラッセルやジョー・コッカーがやっていたような大所帯バンドに憧れていました。コーラスワークとバンドサウンドという組み合わせのお手本はポール・マッカートニー&ウイングス。バンドはこだわって選んだメンバーがきっちり演奏してくれるスティーリー・ダンのようなイメージ。同じようにできるかどうかはともかく（笑）、気持ちとしてはね。実際、僕の周りには同世代でいいミュージシャンが何人もいたから」

## 何度も聞いた「君のような音楽は日本じゃ売れない」

地道な活動が実り、レコードデビューのチャンスが巡ってきたのが1977年。ビクターからリリースされたアルバム『マリ・アンド・レッド・ストライプス』は、杉にとってはもちろん、それまで一緒に活動してきた仲間たちにとってもプロへの第一歩となった。

「でも、今の自分から見るとまだまだ未熟でした。やっぱり売れなかった。そう、『やっぱり』なんです。ポップス好きは昔から少数派でしたし、コンテストで審査員の人に『君のような音楽は日本じゃ売れないよ』と言われ続けていましたから。レコードが出せたからといって期待しちゃいけないな、とは思っていました」

そして翌78年、同じメンバーで制作した2作目『スインギー』のリリース直後、不運にも急性髄膜炎に襲われた彼はプロモーションも満足にできないまま、活動停止を余儀なくされてしまう。

「これは音楽人生終わったな……と思っていた矢先に竹内まりやのデビューが決まって、作曲を頼まれました。人に曲を書くなんて、それまで考えたこともなかった。

でも、まりやなら……と思って作ったのが『めざめ』と『ムーンライト・ホールド・ミー・タイド』。まりやと同じレコード会社だった関係で、レイジーにも『ロックン・ロールさえやってりゃ』を書きました」

当時、レイジーをプロデュースしていた元タイガースの森本太郎のもとで作ったデモテープが、浜田省吾などを担当していたディレクターの須藤晃の手へと渡り、杉は2年のブランクを経てソニーからの再デビューが決まる。1980年のアルバム『SONG WRITER』ではアレンジャーに松任谷正隆を迎え、それまでとは真逆のプロフェッショナルな環境で制作された。

「スタジオワークはこうすればいいんだと、勉強になることばかりでした。松任谷さんと一緒に仕事ができたことで、自分自身の手でキャリアを仕切り直しできるかもしれないと思えたんです。ソニーに入ってから、須藤薫さんのスタッフライターとして曲を書くことになるんですが、その時にアレンジでご一緒したのが松任谷さんでした。それで僕のアルバムもお願いしようと。松任谷家で打ち合わせをしているうちにユーミンとも仲良くなって、『じゃあ3人でミュージカルみたいなライヴをやってみない?』ということで、最終的には『WONDERFULL MOON』というコンサートツアー(1982~1983年)にまで発展しました」

## ついに時代が追いついた！ シティ・ポップのルネッサンス

杉の存在を世間に大きくアピールしたのが大瀧詠一、佐野元春と制作した『ナイアガラ・トライアングルVol.2』だろう。実はここでも松任谷が大きな役割を果たしていた。

「松任谷さんはちょうど『SONG WRITER』と同時期に大瀧さんの『A LONG VACATION』をやっていて、『いま大瀧さんはスタジオでギターとパーカッションをいっぱい入れてて……こんなサウンドで杉くんもやってみない?』と言ってくれたんですね。『恋のかけひき』という曲がナイアガラ・サウンド風になったのは松任谷さんのアイデアです。しかもそれを聴いた大瀧さんが僕を気に入ってくれて、ナイアガラ・トライアングルのメンバーに選んでくれたんです」

## 僕らが自らシティ・ポップについて歌う新曲はどう？

『ナイアガラ・トライアングル Vol.2』が発表された1982年に至るまでの数年間は、シティ・ポップの名盤と呼ばれる作品が次々とリリースされた、まさに全盛期。

「まったく突然の大異変でしたね。今にして思うとルネッサンスみたいなことだったんでしょう。南佳孝さんも、山下達郎さんも、『君のような音楽は……』と言われていた人たちが全員注目された時代です。僕もそうでした。それが今も『シティ・ポップ』と呼ばれているわけですよね」

当時、ドライブのお伴として持ち出され、シティ・ポップを世の中に浸透させるきっかけにもなったカセットテープについての思い出についても話を聞いてみた。

「カセットって優秀なメディアだと思います。録音したときの雰囲気が今聴いても甦ってくるんです。昔、デモテープはカセットでやりとりするのが普通でしたから、僕の手元にもたくさん残っていますよ。そういえば僕がデビューする時、まりやが実家のピアノを弾きながら歌った曲をカセットに入れて僕にくれたんですよ。『スターになる杉さんへ／You're Gonna be a Star』っていう歌で、たぶん彼女の最初のオリジナル曲じゃないかな。この前、久しぶりに聴き返してみたんです。もちろん彼女は自分もデビューするなんて考えもしてなかった頃だろうけど、すっかり竹内まりやの世界が完成していました（笑）」

そしてなんと先日、シティ・ポップのリバイバルブームを受けて新曲を作ったという。

「タイトルは『シティ・ポップ』（笑）。ライヴで安部恭弘くんとふたりで歌ってみたら、けっこうウケたんですよ。僕らが自分からシティ・ポップについて歌うって、なんだかおかしいでしょう？　若くて背伸びしていたあの時代を振り返りながら、どうやら最近また人気らしいよ、っていう話に合わせてジャズっぽい曲にしてみました。きちんとリリースしてたくさんの人に聴いてもらえたら、どういう反応がもらえるんだろう？　すごく楽しみですね」

520
A
JAPAN
SONY
NORMAL POSITION. NORMAL BIAS
AHF90
maxell
UD
46
CERAMIC TAPE GUIDE HF-PRO60 SONY
TDK Normal Bias 120μs EQ AD 46
JAPAN
AXIA
A
SUPER PRECISION ANTI-RESONANCE CASSETTE MECHANISM
NORMAL BIAS 120μs EQ
AR-X 60
NORMAL POSITION TYPE I
TDK


y

4大ブランドの代表機種を
写真で振り返る

| TDK | SONY | maxell | AXIA |

# Cassette Tapes
# Galler

カセットテープの全盛期、ブランクテープで圧倒的なシェアを誇っていたTDK、ソニー、マクセル。さらに後発ながら瞬く間にシェアを広げたAXIAを加えた4大ブランドの代表機種をご紹介！　皆さんはどのカセットテープを使っていましたか？

**文／懐かしのカセットテープ博物館**
**館長　加藤邦裕**

中2の時にテレコを親に買ってもらったのがカセットとの出会い。学生だった70年代がFMエアチェックなどで最もカセットを使った時期。1997年にネットで博物館を始め、今でもコツコツと毎週更新中。所有カセットは増え続け、現在何本あるのかわからない状態。

「AD」「SA」「MA-R」などの記憶が残るカセットの雄

# TDK

TDKは1966年に日本でいち早くカセットテープの生産を始めたメーカーだ。その後もカセットテープの高音質化をリードしていき信頼性の高い世界で愛用される製品を送り出し続けた。



’68

世界初とされる
音楽専用の高音質カセット

## SD TYPE Ⅰ

高音域の録音性能を人間の可聴限界に迫るまで飛躍的に向上させ、音声記録用と思われていたカセットが音楽録音用途にも十分通用することを示したSD。その後、さらなる高音質化へ進む幕開けとなった製品である。

「SD」は「Super Dynamic」の略。テープに塗られる「磁性材」の改良などでダイナミックレンジ（音の大小の帯域巾）を広げた



’79

豊かでスケール感溢れる
サウンドが魅力

## OD TYPE Ⅰ

「OD」は「Optimu m Dynamic」の略。TDK の新カセットシリーズ「ニュー・ダイナミックシリーズ」のトップモデルとして 79 年に発売された。新開発の磁性材が使われ、厚みとエネルギー感のある音は独特だった。

製品カラーは重厚で高級感のあるブラウン＋ゴールド。本体はブラックで格子模様のエンボスが入った精密なハーフが使われている

'81

## 常識を破った「つき抜ける高音の冴え」

# AD

TYPE I

初代の発売は77年で「SD」の後継製品。ノーマルポジションのカセットとは思えない高音域の伸びは衝撃的なものだった。マイルス・デイヴィス起用の宣伝も話題となり大ヒット。TDKの中堅製品としての地位を確立した。

「ミュージック・リファレンス」のコピーで登場した3代目。上位製品と同じ高精度「SPメカニズム」のブラックハーフを使用

Cassette Tapes Gallery

'82

## ノーマルタイプの極限を追求したカセット

# AD-X

TYPE I

「SA」と同じ「アビリン磁性体」をノーマルポジション用にチューニングして使用。価格も「SA」と同額。「SA」並の情報量の多い高分解能サウンドながらノーマルらしい聴感上の評価を重視した設計となっている。

名前は「AD」だが、実はハイポジ用カセット「SA」のノーマルポジション版。ゴールドラベルで見た目も「SA」並の貫禄がある

Cassette Tapes Gallery

'84

## 新感覚のシャープ＆パワフルサウンド

# AR

TYPE I

新開発の無孔質磁性体「NPフェリック」の採用で磁気エネルギーが大幅に向上。最大残留磁束密度はハイポジ並み。抜群の中低域の解像力とすっきりと伸びた高音で弟分の「AD」とは一線を画すパンチのあるサウンドだった。

テープの音に似合わずやや地味な見た目。剛性を35%アップした新開発の超高精度「SP-Xメカ」を採用した本体の実力も十分

'87

## 圧倒的にダイナミック そしてピュア

# AR-X TYPE I

コバルトイオンを吸着させた超微粒子化「アビリン」をテープ上に高密度塗布。ヘッドタッチや走行特性も高い。CDの普及に対応して、デジタルサウンドの録音を強く意識した情報量の多い最強のノーマルテープ。

87年の2代目は「アビリン」の二層塗布でデジタル音に超ハイスピード応答。二層一体成形ハーフ、「SP・ARメカ」を採用

Cassette Tapes Gallery

'84

## クロムを凌ぐ性能 初のハイポジ用カセット

# SA TYPE II

初代「SA」はクロームポジション（＝ハイポジ）で使う初の「非クロム」テープとして75年に登場。酸化鉄にコバルトを吸着させた「アビリン」磁性体を使用。「クロム」より高性能ながら低価格でハイポジの定番に。

84年発売のモデル。本体は超高精度な「SP-Xメカニズム」。微細振動を抑えるためハーフのほぼ全面をカバーするラベルを採用

Cassette Tapes Gallery

'79

## 「SA」を上回る音へ。「アビリン」を二層塗布

# SA-X TYPE II

「SA」のハイグレード版。特性を自由に調整できる「アビリン磁性材」の特質を活かし、磁気特性の異なる2種類の「アビリン」を上下層にデュアルコーティングすることでバランスのとれた高出力と高分解能を実現した。

「MA」と同じ「SPメカニズム」を採用。徹底した精度と剛性の追求でA,B面の感度差や左右の位相差特性等を大幅に改善

'85

## TDK初のエコノミータイプのハイポジ

# SF

TYPE II

「SA」と同様「アビリン」を磁性体に使用し、スペックもほぼ同じだったが、「SA」より１～２割程度安いというお買い得ハイポジカセット。カジュアルユースを意識し、高域をややアップさせた音作りをしていたようだ。

独特の青みがかった色のハーフ。本体は「SP-Xメカ」が使用されているが、「スタビライザーシート」のない一世代前のタイプ

Cassette Tapes Gallery

'83

## TDKメタルテープのスタンダード

# MA

TYPE IV

TDKのメタルテープには「MA-R」の存在があったため「MA」は普及版というイメージがあったが、テープ自体は「MA-R」と同じもの。むしろ安定感・安心感のあるメタルの標準テープとして王道を歩んだテープだった。

83年発売の３代目。本体は超高精度「SPメカ」採用。さらに超微粒子化した「ファイナピンクス磁性体」を高密度に塗布

Cassette Tapes Gallery

'79

## TDK初のメタルテープ! さすがに皆が驚いた

# MA-R

TYPE IV

初のメタルというだけではなく本製品の風貌、重量感、そして60分で2000円という高価格は衝撃的だった。本体の構造は経時変化に対し高精度を維持するためのもので、ハーフ構造の重要性を世に知らしめたテープでもあった。

「RSメカニズム」という高精度ダイキャストフレームを透明な特殊硬質プラスチックで挟んだ３層構造で、重さは通常の約2倍

ウォークマンの生みの親。カセット普及の立役者

# SONY

ソニーはカセットの製造だけではなく、テレコやデッキなどのハードにも力を入れ、1979年に発売した「ウォークマン」は、80年代におけるカセットの爆発的な需要につながった。



'72

ソニーの
音楽用カセットの源流

## HF TYPE I

「HF」の初代製品は70年頃に発売された。以降、70年代においては高級音楽用テープの製品名であったが、80年代以降の「HF」はノーマルテープのブランド名として使われ、様々なクラスの製品に長年使われ続けた。

ソニー初の音楽用カセットとして発売。「High-Fidelity」を略したネーミング。ハーフは高級感のあるブラックを使用

Cassette Tapes Gallery

'82

SONYの
中堅ノーマルタイプカセット

## BHF TYPE I

初代は78年発売。先行発売された「AHF」の下位グレードだが、従来の「HF」の後継製品の位置付け。テープの性能は「AHF」に一歩譲るものの、「AHF」と同じ「DPメカ」採用で一層高性能なカセットに生まれ変わった。

カラーはグリーン。エンボス加工された高精度ハーフを使用。82年のモデルチェンジでパッケージがメタリックに変わった

## 新磁性体による新高性能ノーマル

'78

# AHF

TYPE I

ノーマルテープのトップモデルとして78年登場。新開発の磁性体により高出力、高感度、高S/N比を実現。83年には新磁性体「シングルクリスタルガンマ」と新バインダーシステムが採用され、さらにパワーアップした。

製品カラーはブルー。ハーフは広窓・高精度なもので「DPメカ」内蔵。83年のモデルチェンジで外装がメタリックになった



## ブルーの文字が目印ノーマルテープの頂点

'84

# HF-ES

TYPE I

「AHF」の後継製品。新バインダーシステムにより磁性体の充填率45.4%を達成（AHFは42.6%）。最大残留磁束密度はハイポジに迫る1750ガウスで、ノーマルとは思えないパワフルなダイナミックレンジを実現した。

テープの残量確認が容易な高精度広窓ハーフに改良され、透明シートと新形状のハブを組み合わせた「DP-Ⅱメカ」を採用



## 新しい音の世界へセラミックカセット

'84

# HF-PRO

TYPE I

「HF-ES」のハーフ強化バージョン。テープ走行に影響するカセット本体内のガイド部分を高弾性、低摩擦で高精度なセラミック部材に置換え、振動による変調ノイズを低減。歪みや中低域音の濁りが取れて純粋な音に。

白いハーフが目印。特徴のセラミックガイドは内部にあり、見えない（穴の部分に一部露出）。「DP-Ⅱメカ」も搭載

# SONY



'78

## 輝く高音の魅力!
## ハイポジション用カセット

## JHF

TYPE II

長らくクロム素材の「CR」を販売してきたソニー初の非クロムのハイポジ。新開発の磁性体は極限に近い超微粒子で針状性に優れた「ウルトラ・ガンマ」。名前の「J」は輝く高音から「Jewelry」を意味しているらしい。

カラーはシルバー。「DUAD」と同様にエンボス加工のあるハーフに「DP（デュアルプロテクション）メカ」搭載



'82

## ハイポジションの実力は
## このテープでわかる

## UCX

TYPE II

「JHF」の後継製品。先行発売された「UCX-S」の弟分で、フラットな忠実再生を重視したスタンダード・ハイポジという位置付け。ネーミングの由来は「ウルトラ・クロム・エクセレント（-Sはスペシャル）」とのこと。

「JHF」のシルバーとは打って変わり、製品カラーはメタリックなレッドパープルに。斬新な色だったが好みも分かれた



'87

## 音像に遠近法を採用
## 奥行きのある音

## UX-S

TYPE II

初代は「UCX-S」の後継として86年に登場。磁性体は「スーパー・ユニアキシャル」。最大残留磁束密度1800ガウスのパワーはそのままで若干お買い得に。87年のモデルチェンジでは性能もさらにアップした。

写真は87年発売の２代目。メガネ型のIS（インフィニティ・シェイプ）ハーフを採用。新メカも搭載され走行安定性が向上

## クロムと酸化鉄を二層塗りした高性能テープ

'78

# DUAD

TYPE III

初代は73年発売の「デュアド・フェリクロームカセット」。高音に強い二酸化クロムと中低音に強いガンマヘマタイトを二層塗りし、それぞれの良いとこ取りをした。メタルテープの出現で80年代にはフェードアウト。

写真は78年発売の２代目製品。製品カラーはゴールド。メタルテープ発売まではSONYカセット最高性能のトップモデルだった

Cassette Tapes Gallery

## ソニー初のメタルテープ

'79

# METALLIC

TYPE IV

ソニーの初代メタルテープで、カセットデッキのメーカーでもある同社らしく、メタル対応デッキと時を同じくして発売された。当初価格は46分で1250円もしたが、その後徐々に引き下げられ82年には800円になった。

ハーフは「DUAD」などと同じものだが、「メタリック」の名にふさわしく、パッケージやラベルの文字は金文字で豪華そのもの

Cassette Tapes Gallery

## 「メタル・エクセレント・スーパー」

'83

# Metal-ES

TYPE IV

ロングセラーだった「メタリック」の後継製品。ソニーのテープ技術を全て投入したとされ、新開発のメタル磁性体「エクストラロイ」を二層塗りし、ダイナミックレンジを4dB拡大、最大残留磁束密度は3600ガウスに。

中央部が全て透明部材の特殊成形による斬新なハーフ。パッケージは眩しいばかりのゴールドと、トップモデルらしい外観

ジャパンカセットの歴史を創り、今なお綴るメーカー

# maxell

マクセルは国産カセット草創期の1966年にカセットの販売を開始、その後も数々の優秀な製品を送り出し、現在でもカセットテープを販売し続けてくれている国内唯一の会社だ。



'66

マクセル初の
カセットテープ「C-60」

## C-60 TYPE I

「C-60」は66年発売。その後「C-90」「C-120」が順次発売された。この頃のテープにグレードはなかったが、プラケース入りと紙箱入りの2種類があり、紙箱入りの方が安くエコノミータイプというイメージだった。

マクセルの旧ロゴと地球マークに時代を感じる。カセットの規格は厳しく、プラスチックの金型の精度を出すのに苦労したようだ



'72

音楽用カセットの定番
にしてマクセルの代表作

## UD TYPE I

「UD」は「Ultra Dynamic」の略。初代は70年の発売。2代目は新開発磁性体で高音域を改善、高精度ハーフやヘッドクリーニング機能付きリーダーテープの採用など大幅にグレードアップし音楽用テープの定番となった。

写真は72年発売の2代目「UD」。78年までロングセラーを続け、16年には復刻版も発売。「UD」といえばコレ!?

## 上位製品の技術を投入した音楽指向ベーシック

'78

# UL

TYPE I

「UL」は「Ultra Low Noise」の略。「LN」という従来製品の後継。上位製品の技術を基に開発した新磁性体の採用でダイナミックレンジを拡大するなど性能アップ。ハーフやメカニズムの精度や信頼性も向上させた。

ダークグレイのハーフは幾何学模様のエンボス入りで上位製品同等の広窓デザイン。ベーシックタイプとは思えない高仕様

Cassette Tapes Gallery

## コバルト系磁性体のノーマルトップモデル

'78

# XLI

TYPE I

「UD-XL I」の後継製品で、製品名から「UD-」がなくなった。磁性体には酸化鉄の周囲にコバルトを結晶させた「エピタキシャル」を使用。高精度な広窓ハーフには外圧による変形を防止するスタビライザーが付いた。

縦縞のエンボスが入った黒い高精度ハーフを採用。XL I-S が出るまではマクセルの最上位ノーマルテープだった

Cassette Tapes Gallery

## 「エピタキシャル」使用の最高峰ノーマル

'83

# XLI-S

TYPE I

「XL I」の上位版として80年に初代が登場。83年の改良で磁性体は「スーパー・ファイン・エピタキシャル」となり、新たな塗布技術と併せダイナミックレンジが向上。その後もトップモデルとして改良が続けられた。

83年発売の2代目。耐衝撃性強化の高精度ハーフや音像定位を改善する「ツーピースハブ」「PAカセットメカニズム」を採用

Cassette Tapes Gallery

'83

## 「UD」は「UD I」へ。ハイスピードサウンド

# UDI

TYPE I

変わったのは名前だけではなく、磁性体、テープ化技術、ハーフメカニズム全てが「UD」よりグレードアップした。特に磁性体は画期的な無細孔（ポアレス）タイプとなり、従来にはない高出力、低ノイズを実現した。

最上位の「XL-IS」と同じ「PAカセットメカニズム」が採用され、見た目もほとんど変わらないお買得感maxのカセットだった

Cassette Tapes Gallery

'76

## マクセル初のクロームカセット

# UD-XLII

TYPE II

76年に「XLシリーズ」として発売。酸化鉄を核にコバルトを複合結晶させた「エピタキシャル磁性体」をクロームポジション用にチューニング。クロムより感度・出力ともに高く、ノイズの少ない再生を可能とした。

製品カラーは高級感のあるゴールド。ハーフはIEC規格値の1/5という高精度で作られ、細かい斜めのラインが入っている

Cassette Tapes Gallery

'84

## 初のエコノミータイプのハイポジカセット

# UDII

TYPE II

「UD I」に50円足せば買えるハイポジ。「ファイン・エピタキシャル」採用で「XL II」並の性能で見た目も「XL II-S」に引けを取らない豪華さ、とくれば売れないわけがない。CMには「ワム！」を起用し大ヒットした。

製品カラーは女性ユーザーを意識したダンヒルレッド＋ゴールド。エコノミータイプとは思えないゴージャスな外観だった

'78

## 「UD-」表記がなくなり、「XLⅡ」の初代が誕生

# XLⅡ

TYPE Ⅱ

「UD-XLⅡ」の改良版だが、「UD-」が消えた意義の方が大きいように思う。「UD」というビッグネームに頼る必要がなくなった証なのだろう。「XLⅠ」とともにマクセルの高性能カセット「XL」シリーズがここから始まった。

「UD-XLⅡ」と異なるのはラベルのデザイン。ハーフはほぼ同じで、斜めラインのエンボスもあり、高級感はそのまま

Cassette Tapes Gallery

'85

## マクセルが誇るハイポジのトップモデル

# XLⅡ-S

TYPE Ⅱ

「XLⅡ」の上位製品として80年に新発売。その時の磁性体は「ハイ・エピタキシャル」。83年の2代目では「スーパー・ファイン・エピタキシャル」となり、3代目は「ニュー・スーパー・ファイン・エピタキシャル」に。

3代目のモデル。従来より比重が約1.4倍の新素材ハーフや「SS・PA」メカニズム採用で変調ノイズなどを飛躍的に低減

Cassette Tapes Gallery

'79

## マクセル孤高のフラッグシップメタルテープ

# MX

TYPE Ⅳ

「MX」は「メタキシャル」のこと。独自の酸化防止策を施した「SPメタル磁性体」を採用。初代発売以降、およそ10年間にわたりマクセル唯一のメタルテープとして販売され、マクセル最高位のカセットでもあった。

初代（79年発売）モデル。カラーはメタルをイメージさせるシルバー。ハーフは「XLⅡ」と同じ斜めラインのエンボス入り

老舗メーカーが若者向けに舵を切った新ブランド

# AXIA

「AXIA」は「価値あるもの」という意味のギリシャ語。1969年にカセット市場に参入した富士フイルムだが、1985年以降は若者をターゲットにしたこのブランドに全面移行した。



'85

ファッショナブルで
1ランク上の高性能

## PS-I TYPE I

「PS」は「プレイヤーズ・スピリッツ」の略。磁性体はコバルト添加の「ハイレスポンス・ベリドックス」でワンランク上の実力。価格を安く抑えた新ブランドの戦略的製品だった。CMには斉藤由貴を起用し若者にアピール。

ハーフは透明素材としては110℃の耐熱を世界で初めて実現した「スーパークリスタルハイポリマー」製だった



'85

カーステ専用
ヘビーデューティーモデル

## GT-I TYPE I

「AXIA」以前の「FUJI」ブランド時代から続く製品がブランド変更に伴いモデルチェンジ。カーステ専用仕様はそのままに、新開発の「ハイダイナミックベリドックス磁性体」で性能をアップ。逆に価格は引き下げられた。

-40～+110℃対応。暗がりでもAB面が確認できる凹凸、ノンスリップエッジなどカーステレオでの使用を想定した仕様だった

## ノイズリダクションカセット「PSスーパー」

'87

# PS-Is

TYPE I

「PS-Ⅰ」の上位製品のようなネーミングだが実際は後継製品。ドルビーなどのノイズリダクションが正しく動作するよう、テープの最大出力を高めながら感度を最適値に設定。ダビングで音が劣化しにくい特性も実現。

ハーフは透明なハイポリマー。プラケースも耐熱、耐寒、対振設計で、ヘビーデューティーな使用にも対応

Cassette Tapes Gallery

## エクストラハートフル「Xのアクシア」

'89

# PS-Ix

TYPE I

「PS-ⅠS」のエクストラバージョン。新開発「ベリドックスPX・TYPEⅠ磁性体」採用で広いダイナミックレンジを達成。レベル変動も抑えノイズリダクションへの適応性が向上。ダビング特性もさらに高めた。

89年発売の2代目。透明2色成形の「ツインクリスタル・ハイポリマーハーフ」と高精度パーツで変調、走行ノイズを低減

Cassette Tapes Gallery

## ハイレゾリューション「PS-Ⅱスーパー」

'87

# PS-IIs

TYPE II

「PS-Ⅱ」の後継製品。新開発の超微粒子「ニュースーパーレスポンスベリドックス磁性体」により低ノイズでハイエンドまで伸びきった周波数特性。シャープな応答性と全帯域にわたるワイドダイナミックレンジを実現。

夏の海岸や冬のスキー場でも音楽が楽しめるよう耐熱、耐寒、対振設計を盛り込んだヘビーデューティー仕様

# 「シティ・ポップ」を音楽的に定義する



**「シティ・ポップ」とは具体的にはどんな音楽なのか？ 都会的な音楽？ リゾート感のある歌？ そもそも最初のシティ・ポップってどのアーティストによるもの？ 様々な疑問に答えるべく、ここで改めてその音楽的な定義について考え、ひとつの答えを出す――。**

世界的なシティ・ポップ・ブームの火つけ役となったのが、こちらの松原みきの「真夜中のドア～Stay With Me」と竹内まりあの「プラスティック・ラヴ」


**文／スージー鈴木**

1966年、大阪府東大阪市生まれ。音楽評論家、ラジオDJ。早稲田大学政治経済学部卒業。bayfm「9の音粋」月曜日DJ。著書に「桑田佳祐論」（新潮新書）、「EPICソニーとその時代」（集英社新書）、「平成Jポップと令和歌謡」（彩流社）など。


「シティ・ポップ・ブーム」と言われて久しい。ブームと言われてから、もうどのくらい経ったのかと思い、本棚を見ていたら、雑誌『レコード・コレクターズ』（ミュージック・マガジン）18年4月号の特集がシティ・ポップで、表紙には「シティ・ポップ1980-1989 日本国内だけでなく海外でも高まる再評価熱の源泉と、その本質を語る」とあるから、5年前にはもう火がついていたようだ。

ただパラパラとめくってみると、佐野元春や松田聖子まで取り上げられているので、現時点の定義からすると広義に感じる。ということは、松原みき「真夜中のドア～Stay With Me」と竹内まりや「プラスティック・ラヴ」を軸とした現在のブームは、定義がより絞り込まれたことになる。

さて、定義の絞り込まれた、今風のシティ・ポップ・ブームの仕掛け人は3人いる。

1人目は、インドネシア人の女性シンガー＝Rainych（レイニッチ）。日本語を話せないにもかかわらず、日本語の響きの美しさに惹かれ、日本の音楽をカバーしてYouTubeにあげていたのだが、彼女の歌う「真夜中のドア」の動画が爆発的に支持され、世界に広がったのだ。

2人目、こちらは韓国のNight Tempo（ナイト・テンポ）。プラスティック・ラヴ」のブームは、彼が楽曲を手がけ、YouTubeにあげられた同曲の非公式リミックス動画から広がったといわれる。

## インドネシアのシンガーが歌い日本のシティ・ポップは世界へ

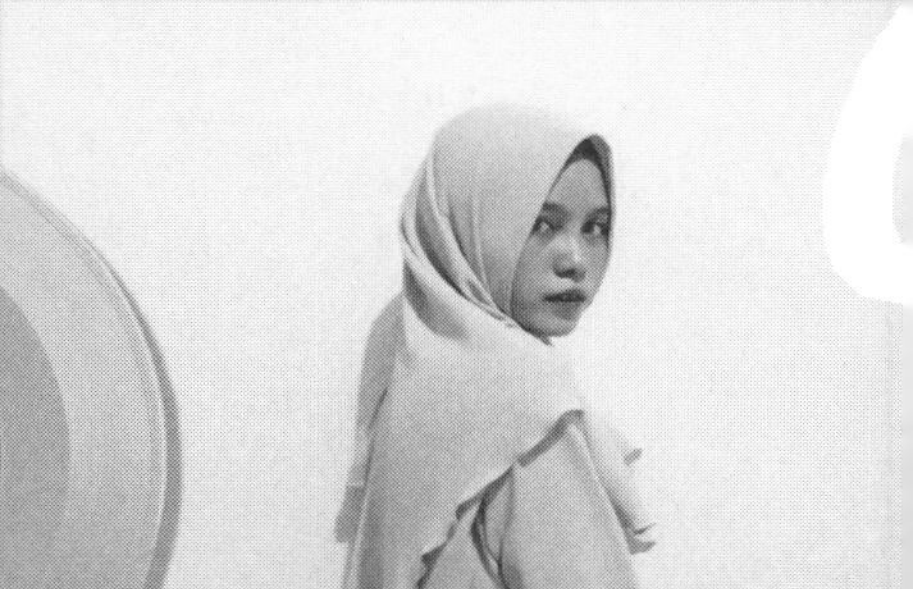

2020年10月、インドネシアの女性シンガー、Rainychが歌う「真夜中のドア～Stay With Me」のカヴァーが世界配信され、世界中で話題になる。さらに2021年には山下達郎の「RIDE ON TIME」もとってもかわいい声でカヴァー

そして「3人目」、これが最重要なのだが、すばり「SNS」。人ではなくネットワークだ。先の2人の作品を知らしめたYouTubeに加えてTikTokが拡散の起爆剤となり、シティ・ポップがさらに広く世界に知れ渡った。

以上を背景に、「日本のシティ・ポップが世界で流

ポニーキャニオン

もうひとりのシティ・ポップ世界的ブームの立役者が韓国のDJ／プロデューサー、Night Tempo。「プラスティック・ラヴ」のリエディットしたバージョンがYouTubeでバズる。2023年1月に配信された80'sジャパニーズ・ポップスを令和にアップデートする昭和グルーヴ・シリーズでは、岡田有希子を取り上げた

## 「シティ・ポップ」を音楽的に定義する

行っているらしい」ということになり、一昨年あたりから、国内でも一気に大ブームに。そして「真夜中のドア」と「プラスティック・ラヴ」を中心としながら、シティ・ポップ像の輪郭が鮮明になっていったのである。

少しだけ余談をすれば、「シティ・ポップ」という言葉自体は、80年代当時にも存在した。ただ、そのときは、先の佐野元春や稲垣潤一、そして山本達彦らの音楽をくくる言葉で、サウンドがどうこうというより「都会的な歌詞を歌うハンサムの音楽家の作品」という意味で使われていたように思う。そういえば「シティ・ポップ〝ス〟」という言葉の方が、通りがよかった印象がある。

話を戻すと、最近ちょっと気になるのは、ある程度絞り込まれたシティ・ポップ像を、再度拡大解釈する動きが出てきていることだ——というと、まどろっこしいが、要するにブームに便乗して、いろんな作品をあれもこれも「シティ・ポップ」という包装紙にくるんで売っちまおうとする動きである。目くじら立てる気はないものの、いい感じはしないのも事実——。

というわけで今回は、「真夜中のドア」と「プラス

ティック・ラヴ」を念頭に置きつつ、主に音楽的な視点で「シティ・ポップ」を具体的に定義してみる。本音をいえば、音楽ジャンルを定義することに、積極的な関心などないものの、それでも、これだけ盛り上がっているのに、定義がいまだフワッとしていることは、あまり健全なことではないだろうとも思うからだ。

まずは時代の定義である。「75~89年」はどうか。

75年といえば、「ルージュの伝言」や「あの日にかえりたい」で荒井由実がブレイクした年であり、つまりは「フォーク」「ロック」ではない（かつ、それらより「シティ・ポップ」の概念に近い）「ニューミュージック」が確立した年だ。また89年は、80年代の最後の年かつ、「Jポップ」という言葉が広がる直前で区切りが良い。「真夜中のドア」と「プラスティック・ラヴ」の共通点に「精巧なアレンジとマニュアル演奏」がある（後述）。そう考えると、打ち込みが標準となる90年代まで引っ張るのは無理があるように思う。

89年といえばバブル経済の最盛期。90年代に入ってすぐにバブルが崩壊するので、そういう意味では、日本経済が世界に対してグングンのしてきた時代の音楽ということになる。

## シティ・ポップは東京が舞台となった歌詞世界

次に歌詞。もちろん「都会的」なイメージの歌詞、もう少し具体的にいえば「東京が舞台となった歌詞世界」である。さらに具体化すれば「東京のそれも港区と渋谷区、ちょっとだけ横浜と湘南」となるか。逆にいうと「田舎がまったく視界に入っていない歌詞世界」。

言葉遣いとしては、カタカナや英語の比率が上がってくる。都市の情景描写に比率を割き、登場人物の感情の起伏は激しくない。どちらかといえば哀しげな気分の歌詞が多いが、怒涛の悲哀ではなく、メランコリーというよりセンチメンタルなタッチが多い。職業作詞家でいえば、松本隆や秋元康もその中のひとつだが、より中心に近いのは、三浦徳子、康珍化、売野雅勇あたりだろう。

次にアレンジ。分母にある音楽は、先に定義した時代における「クロスオーバー~フュージョン」や「AOR」（アダルト・オリエンティッド・ロック）、「ブラック・コンテンポラリー」などの洋楽だ。

ただ、それら洋楽よりも、より洗練された精巧なアレンジが施され、16ビート、もしくは16が少し入ったエイトビートに乗って、ドラムスは手数が多く、またベースもギターも、かなり忙しく動き回る。

もちろんコンピューターではなく、完全人力演奏。それは、当時のメイド・イン・ジャパン家電や自動車が誇った、精密なテクノロジーと通じるものであり、つまりはそんな、洋楽にはない日本人的なセンスの横溢が、世界的な興味をおびき寄せたと考えるのだ。

最後にコードについて。今風にいう「シティ・ポップ」の決定的な要素として、私が考えるコードがある。それは――「メジャー・セブンス」(maj7)。

「長調（メジャー）は明るく、短調（マイナー）は暗い」と音楽の授業で学ばれたと思う。では「真夜中のドア」と「プラスティック・ラヴ」は長調か、短調か？ 曲をご存じの方は、そのどちらとも言えない中間的な感じがすることに気が付くはずだ。

メジャー・セブンスとは、そんな中間的な響きのコードなのである。例えば【Cmaj7】（Cメジャー・セブンス）の構成音は「ド・ミ・ソ・シ」で、「ド・ミ・ソ」というメジャーコード（C）と「ミ・ソ・シ」というマイナーコード（Em）の両方の響きを併せ持つ。だから中間的な響きになる。だからシティ・ポップで重宝される。

もちろん「真夜中のドア」と「プラスティック・ラヴ」でも、ふんだんに使われているコードだ。

「メジャー・セブンスをエレキギター（ギブソンよりもフェンダー）の音の高いポジションで、チャカチャカと16ビートでカッティングし続けている音楽」――かなり乱暴だが、でもシティ・ポップ像のかなりの面積を言い当てていると思うのだが、どうだろうか。

## 「シティ・ポップ」を音楽的に定義する

さて、ここまで定義すれば、「シティ・ポップ」の源流が見えてくる。時代、歌詞、アレンジ、コード、このすべてを満たす最古の音楽家は誰か――。

山下達郎率いるシュガー・ベイブだ。

もちろん、シュガー・ベイブは洋楽志向の強いバンドだった。ただ、その結果として生み出されたアルバム『SONGS』（75年）は、ここまで述べた要素を十分に

## シティ・ポップの源流は山下達郎率いるシュガー・ベイブにあり

満たした、つまりは世界のどこにもない、ある意味、とても日本的な音になったのだ。

当時、セールス的には芳しくはなかったものの、いわゆる「ミュージシャンズ・ミュージシャン」として、じわじわと定評を得て、また80年、「RIDE ON TIME」による山下達郎本人のブレイクによって、シュガー・ベイブ自体の認知も一気に広がり、「真夜中のドア」と「プラスティック・ラヴ」(こちらはそもそもプロデュースが山下達郎本人)などのシティ・ポップ的な音、つまりはシュガー・ベイブ的な音の波及に結実したのではないか。

「DOWN TOWN」などシティ・ポップの条件を満たす最初期の音楽が収録されたアルバム『SONGS』

もちろん、はっぴいえんど『風街ろまん』や大瀧詠一の「A LONG VACATION」が源流だという意見を完全否定するわけではない。でもそれらは「真夜中のドア」と「プラスティック・ラヴ」の中点には置けないだろう(「ロンバケ」の発売は「真夜中のドア」の後)。でもシュガー・ベイブのアルバムに収録された「DOWN TOWN」(75年)を源流とすれば、すっぽりとハマる。

以上、今フワッとイメージされている「シティ・ポップ」の定義を具体化してみた。そういえば『SONGS』の94年リイシュー盤の宣伝コピーはこんなものだった。

――「え? そんなの、20年前にシュガー・ベイブがやってるよ!」

私が今のシティ・ポップ・ブームに言いたいことがあるとすれば、この一言に尽きる。

まずはここから！
ビギナー必聴の
20枚を厳選紹介！

Masterpieces of City Pop

# シティ・ポップ名盤選

ここではシティ・ポップ初心者に向けて、
シティ・ポップがなんたるかを知る上で
まずは聴いておきたい名盤を20枚厳選紹介！
ここを入り口にさらなる探求をしてみてほしい。

文／馬飼野元宏

## SONGS

シュガー・ベイブ　1975年／エレック

### 日本のシティ・ポップは
### ここから始まった

山下達郎、大貫妙子が在籍した伝説のバンド、唯一のアルバム。メジャー・セブンスや分数コードを多用したメロディー、コーラスワークを重視したサウンドなど、時代的には早すぎたが、年ごとに再評価が高まる。シティ・ポップの元祖的な「DOWN TOWN」収録。

## LAGOON

鈴木茂　1976年／クラウン

### 名ギタリストが放った爽快な
### リゾート・アルバム

はっぴいえんど解散後のソロ2作目。前作『BAND WAGON』はロック名盤の誉れ高いが、本作はホノルルで録音され、リゾート・ムードが強調された。細野晴臣、林立夫、マーク・レヴィンらが参加。かつてを回想するかのような「8分音符の詩」が傑作。

まかいの もとひろ
音楽ライター。著書に『にっぽんセクシー歌謡史』（リットーミュージック）、監修書に『筒美京平の記憶』（ミュージックマガジン）、『風街に連れてって！』初回特典ブックレット『100%松本隆』などCD、音楽誌への寄稿多数。

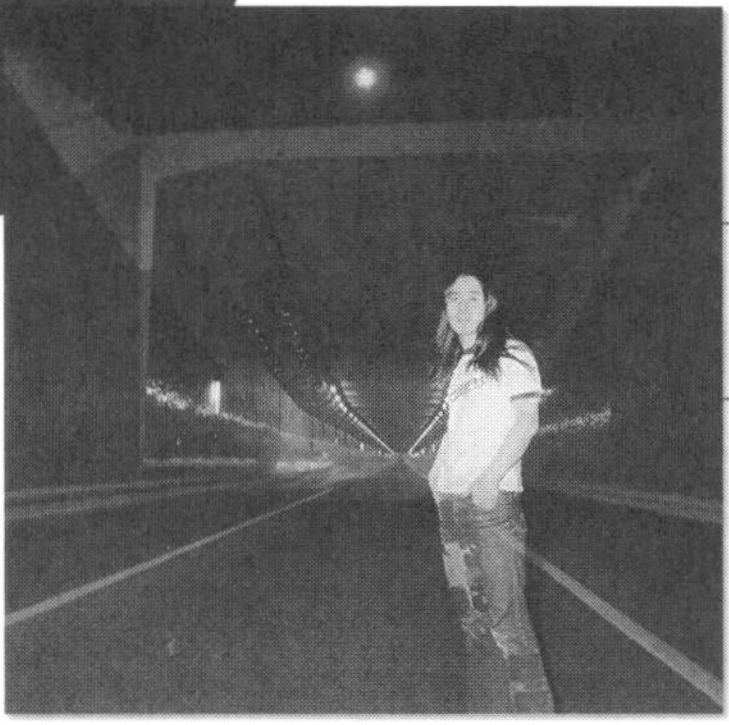

## デッドリイ・ドライブ

伊藤銀次 | 1977年／ワーナー

### 名曲「こぬか雨」を含む 銀次流シティ・ポップ集

ごまのはえから後期シュガー・ベイブと渡り歩いた伊藤銀次の初のソロ・アルバムが本作。クルセイダーズ、マイケル・フランクスなどを好んで聴いていた影響が都会的なサウンドに現れている。キャリアのごく初期に作られた、永遠の傑作「こぬか雨」も収録。

## SUNSHOWER

大貫妙子 | 1977年／クラウン

### クールなヴォーカルと クロスオーバーの邂逅

『Youは何しに日本へ？』で話題を呼んだ大貫のソロ2作目。全曲が坂本龍一の編曲で、当時のクロスオーバーサウンドとの融合作。スティーヴィー・ワンダーに影響を受けたシティ・ポップの代名詞「都会」、サンプリングに多用された「くすりをたくさん」収録。

## CRYSTAL CITY

大橋純子 | 1977年／フォノグラム

### 唯一無二のソウルフルな ヴォーカルが眩い

「シンプル・ラヴ」のヒットで波に乗った大橋純子の4作目。美乃家セントラル・ステイションが繰り出す強靭なグルーヴと、パワー全開のヴォーカルがスリリングに拮抗する。表題曲に見る都会の煌めき、洗練されたサウンドは、シティ・ポップのひとつの到達点だ。

## POCKET PARK

松原みき　1980年／キャニオン

### 「真夜中のドア」の世界的ヒットはここから

Spotifyの2300万回以上再生など、近年世界的な大ヒットとなった「真夜中のドア〜Stay With Me」を含む、松原みきのファースト。同曲のほか、林哲司、惣領康則らが楽曲提供、パラシュートと美乃家セントラル・ステイションのメンバーらがバックを務める。

## GOODIES

EPO　1980年／RVC

### EPOの豊かなポップ・センスが全面開花

アレンジに山下達郎、清水信之らが参加し、NYとLAでの海外録音を敢行。ディスコ・センス溢れる「ドライブ・ソング」、メロウな表題曲などナイスなトラックが並ぶ。加えてシュガー・ベイブの「パレード」と、2作目にして早くも洗練の極みをきかせる。

## A LONG VACATION

大瀧詠一　1981年／CBSソニー

### 発売から40年を超えて今も色褪せない名作

マニアックな楽曲を作り続けてきた大瀧詠一が、CBSソニー移籍第1弾。「君は天然色」「さらばシベリア鉄道」など収録曲の多くが日本のポップスのスタンダードとなった。凝ったサウンド、永井博のイラストとともに、リゾート・ポップスの代名詞的作品。

## Reflections

寺尾聰 | 1981年／東芝EMI

### パラシュートの面々が全面参加した大ヒット作

「ルビーの指環」を含む、寺尾聰のメガ・ヒット作。全曲、寺尾の作曲で井上鑑の編曲。今剛、松原正樹、林立夫、斎藤ノヴらパラシュートの面々が参加し、協力なフュージョン〜AORサウンドを展開。シティ・ポップ的な音が最も大衆に届いた記念碑的アルバム。

## Monsters in Town

吉田美奈子 | 1981年／アルファ

### 骨太のファンクを聴かせる「TOWN」収録版

通算8枚目のアルバムで、キーボードの富樫春生、ギターの土方隆行を中心に、ホーン、ストリングスを加えた豪華編成で録音された大ファンク・アルバム。うねるようなグルーヴの海を泳ぐヴォーカルは迫力満点。「TOWN」は12インチでも発売された。

## FOR YOU

山下達郎 | 1982年／RCA

### シティ・ポップの象徴的な名曲名演が満載

発売から40年経った今も普遍の輝きを誇る孤高の名盤。現在もライヴの1曲目で歌われることの多い「SPARKLE」のイントロにおける名カッティング、同じくライヴの最後に歌われる「YOUR EYES」、リズム隊が躍動する「LOVE TALKIN'」など名曲揃い。

## awakening

佐藤博 | 1982年／アルファ

### 名職人による
### 極上のAORサウンド

ティン・パン・アレー周辺のキーボーディストとして活躍した佐藤博のソロ4作目。アメリカでデモを作り、当時最新のリンドラムLINN LM-1を駆使しほぼすべての演奏を自身で行っている。ゆるやかなグルーヴに乗せた、センスあふれる上質のサウンドが展開する。

## PEARL PIERCE

松任谷由実 | 1982年／東芝EMI

### ユーミン流シティ・ソウルが
### 心地よい夏の名盤

荒井時代にもシティ・ポップ名盤を残すユーミンだが、松任谷時代では本作が白眉。松任谷正隆が全編ブルー・アイド・ソウル風アレンジを施し、都会の夏の風景で全編を統一。松原正樹の鮮烈なカッティングが印象深い「真珠のピアス」はエンディングも凄まじい。

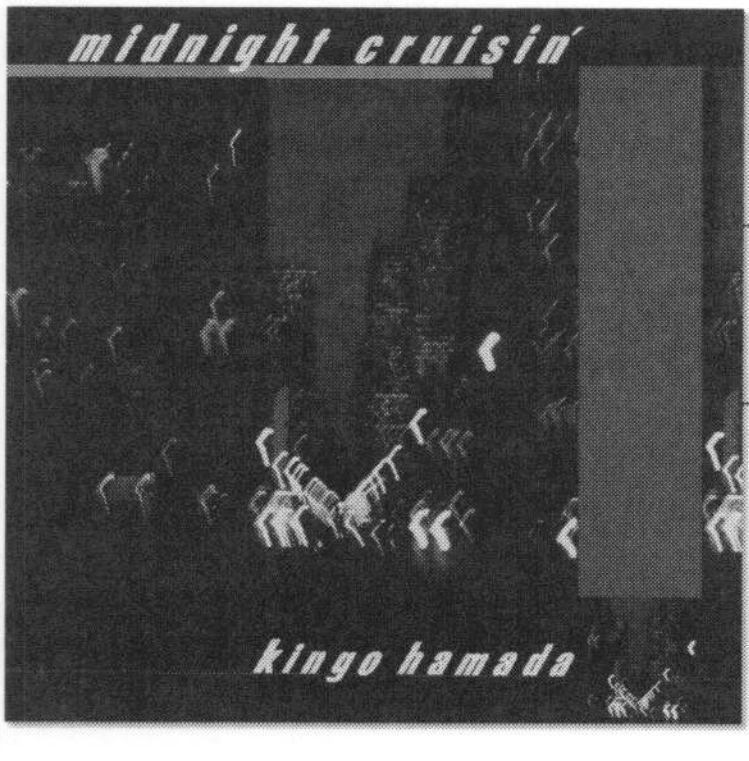


## midnight crusin'

濱田金吾 | 1982年／アルファ・ムーン

### 海外での注目著しい
### 和製AORの最高峰

抜群のポップ・マインドを持つジャパニーズAORの名手が放った通算4作目で、盟友の松下誠をはじめ、倉田信雄、島村英二らが参加。スモーキーなハイトーン・ヴォイスと鉄壁のサウンドが生み出す、アーバン・メロウの名盤で、近年は海外での人気が高い。

## SEVENTH AVENUE SOUTH

南佳孝｜1982年／CBSソニー

### 松本＆佳孝による
### ハードボイルド路線の頂点

南佳孝の通算7作目で、デビュー作『摩天楼のヒロイン』からの盟友である松本隆とほぼ全曲でコンビを組んでいる。「夏服を着た女たち」「口笛を吹く女」など、松本が佳孝に託したハードボイルド路線の楽曲が並び都会に生きる男の孤独がクールに描かれた粋な短編集。

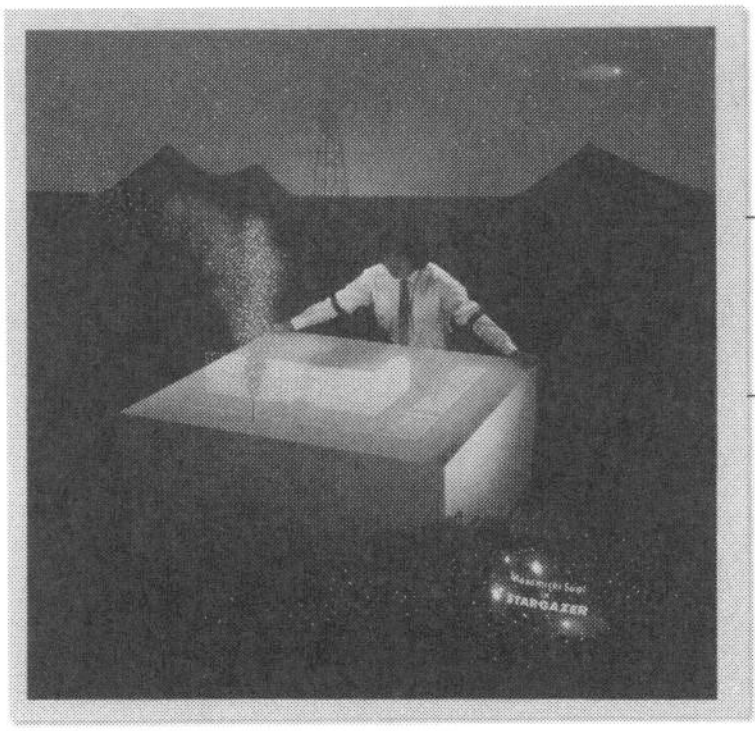

## STARGAZER

杉真理｜1983年／CBSソニー

### ポップ・マエストロによる
### 珠玉の名作選

卓越したポップ・センスで注目を集めた杉が『ナイアガラ・トライアングルVOL.2』への参加を経て、一層磨きのかかった珠玉のポップスを全面展開。ヒット作「バカンスはいつも雨」、ラグタイム風の「懐しき80'S」などマエストロの名にふさわしい秀作揃い。

## Shylights

稲垣潤一｜1983年／東芝EMI

### 艶やかなヴォーカルから放たれる
### 都会の夜の風景

出世作「ドラマティック・レイン」を含むセカンド・アルバム。安部恭弘作曲「ロング・バージョン」や、ランディ・ヴァンウォーマーのカバー「ロンリー・ガール」などを収録。バックは井上鑑、今剛らが参加し、官能的な声質を持つヴォーカルを引き立てる。

## ひとかけらの夏

村田和人 | 1983年／アルファ・ムーン

### 夏のけだるい空気をパッケージングした傑作集

サマー・ポップスの名手・村田和人の2作目で、アレンジとプロデュースに山下達郎が全面参加。「一本の音楽」や、まりや&達郎作の「ニコニコ・ワイン」など、バラエティーに富んだ楽曲と、パーフェクトな完成度を誇るサウンドが一体化した夏の大名盤。

## Bi·Ki·Ni

杏里 | 1983年／フォーライフ

### 杏里&角松チームが放つリゾート・ポップス集

「オリビアを聴きながら」でデビューした杏里が、夏向けのポップスに路線変更したその2作目。半数の曲を角松敏生がプロデュースし、ディスコとリゾート・ポップスを中心にノリのいい楽曲が満載。この後の2作を含め“角松三部作”と呼ばれ、再評価が著しい。

## VARIETY

竹内まりや | 1984年／アルファ・ムーン

### 再評価著しい「プラスティック・ラヴ」収録作

1981年の休業から3年ぶりにリリースされた6枚目のアルバム。自身のルーツであるアメリカン・ポップスを軸に楽曲が作られている。海外での再評価から、現在のシティ・ポップ・ブームへと繋がった「プラスティック・ラヴ」をはじめ、珠玉のポップスが並ぶ。

「60年代から始まる栄枯盛衰を振り返る」

# ニッポンのカセットテープ史

文／懐かしのカセットテープ博物館　館長　加藤邦裕

1966年発売のTDK初のカセットテープ「Synchro Cassette」

カセットテープを見かける機会が少なくなってから久しい昨今だが、１９７０年代から１９８０年代にかけては毎日のように使っていた方も多いと思う。気軽に音楽を録音して外出先でも手軽に楽しむことができたのはカセットのおかげだった。そんなカセットテープの歴史をあらためて振り返ってみたい。

## HISTORY

コンパクトカセットテープの生みの親はオランダのフィリップス社で、１９６２年からヨーロッパなどで販売が行われ、日本に上陸したのは１９６５年。同社のカセットレコーダーとともに国内販売が始まった。

フィリップス社が製造権を無償公開したことで、日本のメーカーも次々に製造に着手。早くも翌年の１９６６年にはＴＤＫ、マクセル、ソニーから国産カセットが発売され、日本コロムビア（デンオン）や富士フイルム（後のＡＸＩＡ）も続いた。それまでは様々なカートリッジ式録音テープの規格が各社から提案されていたが、結果としてコンパクトカセットが事実上のスタンダードとして統一され、その後のカセット隆盛の基礎を築くことになった。

手軽に使えるカセットテープだったが、コンパクトにしたがためにテープ幅が狭くスピードも遅いなどハイファイ録音には不利な規格ということもあって、当初はもっぱら会話の録音用と思われていた。

それでも手軽に良い音で音楽を楽しみたいというニーズに応えるように、TDKが世界初の音楽用カセット「SD」を1968年に発売。テープに塗ってある磁性体を微粒子化することで高性能にしたもので、その後、ソニー「HF」、マクセル「UD」など各社から音楽用カセットが発売される。

1970年代初頭にはカセットの高音質化がさらに進む。「クロームテープ」の登場である。このテープは、一般的なノーマルタイプのカセットの磁性体で使われている酸化鉄の代わりに二酸化クロムを使うことで、カセットの弱点である高音域の特性を大幅に改善したものである。当時の西ドイツのBASF（バスフ）社等外国メーカーが先行し、国内メーカーからも次々に発売された。

## 60年代から始まる栄枯盛衰を振り返る

クロームテープは、その性能を十分に発揮させるためレコーダーに特別な設定が必要だった。それがいわゆる「クロームポジション」とか「ハイポジション（ハイポジ）」（TYPE Ⅱ）と言われるもので、後にこの設定で使用するテープは「ハイポジ用テープ」などと呼ばれた。

高音に強いクロームテープだったが、中低音にはやや弱かった。そこで、その弱点を補うため、中低音に強い従来の酸化鉄磁性体とクロム磁性体を二層塗りしたテープ「DUAD（デュアド）」がソニーから1973年に発売された。このタイプのテープは「フェリクロームテープ」と呼ばれ、後に「TYPE Ⅲ」の規格に分類された。

一方で、酸化鉄にコバルトを添加することで磁気特性を向上させ高音質化したカセットも開発された。

そのひとつが1974年にマクセルから発売された「UD-XL」で、後の「XLシリーズ」の初代となる製品である。磁性体は、酸化鉄の周囲にコバルトフェライトを結晶させたもので、高出力、低歪みを実現。どのレコーダーやデッキでも使えるノーマルタイプで、本体のプラスチック加工の精度にもこだわった製品だった。

TDKからは酸化鉄にコバルトイオンを吸着させた

「アビリン」を磁性体とした「SA」が1975年に発売された。これは二酸化クロムを使わないハイポジションテープの元祖と言える製品である。クロームより低価格にもかかわらず性能はクロームを凌駕した。その後、各社からもクロームに代わるハイポジ用の高性能テープが発売され、「ハイポジ用テープ＝高性能テープ」というイメージが定着していく。

そして、1970年代の終わり頃、さらなる高性能カセットが登場する。「メタルテープ」（TYPE Ⅳ）である。このテープは酸化していない「純鉄」を磁性体に使っている。純鉄の磁気特性が良いことは以前から知られていたが、鉄は錆びやすく、錆びることで性能劣化することから製品化が難しいとされ、長年研究が進められていた。トップを切ったのは3M（スコッチ）の「METAFINE」。1978年に発売された世界初のメタルテープで、カセットの4倍のスピードで録音するオープンリールに匹敵する音質という驚愕の性能。価格の方も46分で1350円（当初）と破格だった。

やや遅れて、1979年にTDKから初となるメタルテープ「MA-R」が発売された。このテープは「RSメカニズム」と名付けられた高精度ダイキャストフレームを透明な特殊硬質プラスチックで挟み込んだ独特の構造をしており、それまでのカセットのイメージを一変させる見た目をしていた。価格も46分で1750円と度肝を抜くものだった。

# HISTORY

## ニッポンのカセットテープ史

こうしてカセットは1970年代に性能が飛躍的に向上し、高音質な録音メディアへと変貌したのだった。

一方では、カセットによって「録音」が日常的なものになった。音質の良いFM放送を録音する「FMエアチェック」によって好きな音楽をカセットで楽しむというスタイルが定着。また、携帯型のレコーダーを使って屋外録音する「生録」がブームになった。さらには、1970年代末頃から広がり始めたレンタルレコード店や、1979年に発売された「ウォークマン」の大ヒットはカセットの購買層を広げ、1980年代におけるカセットの黄金期につながっていく。

カセットの盛り上がりはメーカーの新規参入を呼んだ。まず参入したのは当時の写真フィルム「サクラカラー」やカメラの「コニカ」でおなじみの小西六。アメリカのメーカー「アンペックス」との合弁で1981年

に「magnax」ブランドを立ち上げ、「ML」「GM-I」などのカセットを発売した。1984年以降は合弁を解消し「Konica」のブランドとなり「JJ」「EE」などを販売した。

続いて電子部品メーカーの太陽誘電が「That's」ブランドで参入。1983年の最初の製品ラインナップは「MR」と「MG」というメタルテープ2種類のみという異色のデビュー。いずれも当時の他社品より低い価格設定で、特に「MG」は60分で200円ほど安く、メタルテープ初のエコノミータイプとなった。同社の製品は、メタル磁性材を使ったハイポジ用メタルカセット「EM」や世界的な工業デザイナー「ジウジアーロ」の手によるハーフデザインの「SUONO」や「CD-S」など個性的なものも多く、カセット本体の三角窓も印象的だった。

また、1980年代には各社ともユーザーのニーズに合わせて製品ラインナップが多様化、細分化された。その中でまず大きなトピックとして挙げられるのは、エコノミータイプのハイポジの誕生だろう。

最初は1983年にBASFから発売されたクロームテープの「CR-X」。60分で一般的なハイポジより200円以上も安く、音楽用ノーマルテープとほぼ同じ550円という衝撃価格。それまでハイポジはメタルテープに次ぐ高級品で、ココ一番という録音に使うものというイメージだったが、一気に身近な存在になった。

1984年にはマクセルが「UDⅡ」を発売。60分で600円（当初価格）とBASFよりはやや高いものの、ダンヒルレッド+ゴールドという高級感溢れる色合いで、当時人気絶頂のデュオ「ワム！」を起用したコマーシャルの効果もあってたちまちベストセラーとなった。

その後、ソニー「Do」、TDK「SF」、デンオン「HD6」、AXIA「PS-Ⅱ」、That's「Q」など他社からも続々とエコノミータイプのハイポジカセットが発売された。

磁性体に新たな技術を使ったカセットも登場した。1983年ナショナルから発売された「オングロームDU」である。このテープは表面にコバルトを真空蒸着させたもので、テープ表面がピカピカ光っていた。高密なコバルト層により超高音の録再が可能だった。

見た目が楽しい製品もあった。オープンリールタイプカセットである。透明なカセット本体の内部にオープンテープの金属リールのようなテープカバーが付いていて、それが回転する様子が格好良かった。このタイプは、デッキメーカーのTEAC（ティアック）が特に力を入れていて、何と、中のリールテープを交換できるカセット「オー・カセ」（1984年）まで発売。これは、リールタイプのテープをホルダー状のカセット本体に差し込んで使うもので、リールカラーを選ぶこともできた。

カセットを外で使う機会が増えたこともあって、カセットにもファッション性が求められるようになった。ソニー「Gokkigen 46!!」、TDK「·if」、マクセル「UR-F」、デンオン「パステルライブ」、AXIA「JP-F」、That's「EVE」等々数え上げれば切りがないほど、カラフルだったりファッショナブルだったりと多彩な製品が販売された。

1980年代後半になるとカセットの販売量はピークを迎える。世の中がバブル景気に突入する中、各社から超高級なフラッグシップモデルが発売された。

ソニーからはハーフをセラミック化した「Metal Master」「UX Master」、AXIAからはメタリックな4層構造ハーフの「Master」シリーズ、That'sからは「SUONO」、マクセルからは当時のCOCOM（対共産圏輸出統制）の規制対象になるほど高性能な「Metal Vertex」、TDKは5ピース構造ハーフの「MA-XG Fermo」、デンオンからは複合高比重ハーフの「MG-X」「HG-M」などで、いずれもテープは最高性能のものが使われている。

## HISTORY ニッポンのカセットテープ史

さらに1993年。ソニーが究極とも言えるカセット「Super Metal Master」を発売。本体はセラミックコンポジット材の2層構造、テープは5層構造、カセットケースもアルミ材を使用。アナログテープの最高峰と言えるもので、60分タイプが2300円だった。

しかし、1990年代以降、世の中はデジタル化が進む。アナログのカセットもこの波には逆らえず衰退を余儀なくされた。高級テープは徐々に姿を消し、販売の中心は廉価品となって、撤退するメーカーが相次いだ。

そして現在。カセットを販売している国内メーカーはマクセルだけになってしまった。だが、今でも製造が続けられていることは心強く、カセットファンとしては、さらに末永く販売が続くことを願うばかりである。

# 黄金時代に開発に関わった
# OBによる証言

# TDK
# CASSETTE TAPE《カセットテープ》

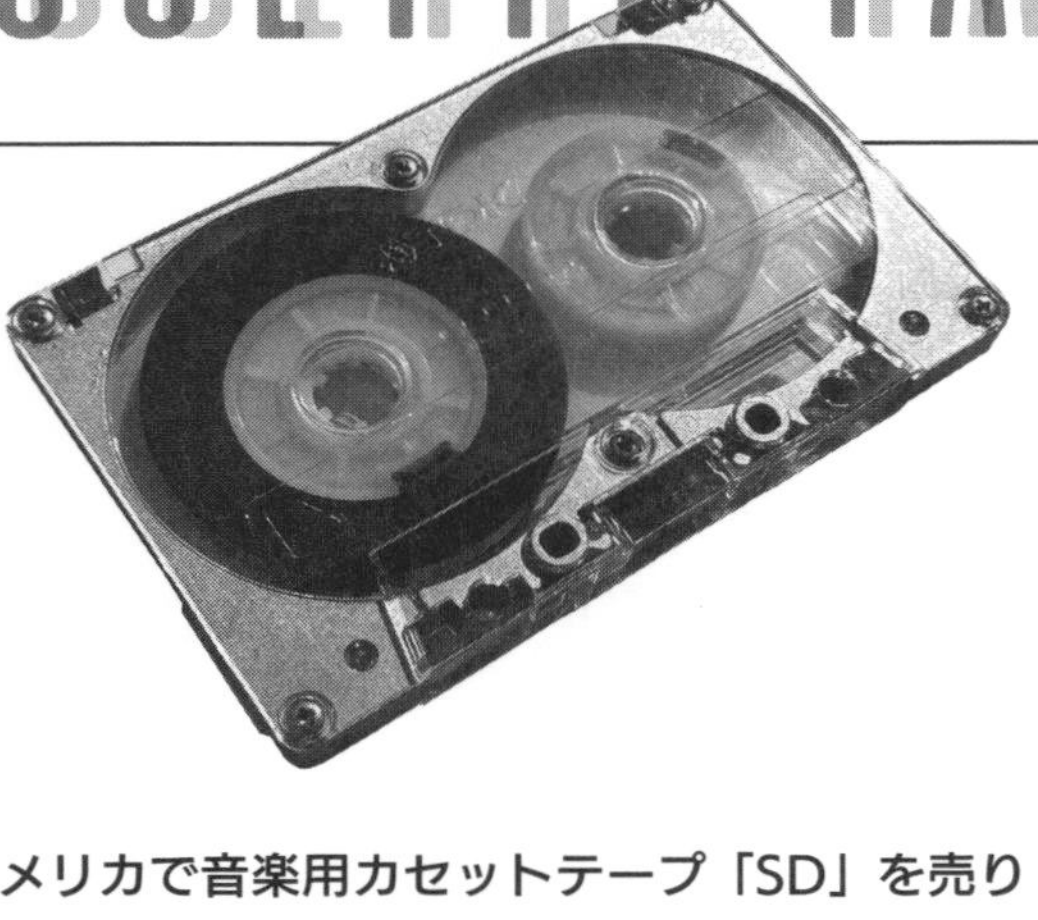

アメリカで音楽用カセットテープ「SD」を売り出した1968年から、1979年に「MA-R」という伝説のメタルテープを発売するまでの11年間は、まさにTDKカセットテープ激動の時代。その道のりは決して平たんではなく……。

取材・文／川合拓郎

## シェア拡大に乗り出すソニーに対抗せよ

1960年代後半からカセットテープ市場で7割のシャアを誇っていたソニーの牙城を崩し、1975年には業界トップシェアを獲得、まさに黄金期とも言うべき一時代を築き上げたTDK。その過程には、どんな出来事があったのだろうか。

証言してくれたのは、OBの畠山俊三氏。まだカセットテープが生まれていない1960年にTDKに入社。1975年に商品企画の責任者に就任して以降、「SA」や「MA-R」といった歴史的製品を世に送り出すばかりか、テープの音質面でも重要な役割を担った人物だ。

畠山氏は、カセットテープ市場全体が成熟していった要因をこう分析する。

「ひとつ大きな流れとして、1966年にFM誌が出てきたことで〝エアチェック〟ブームが起きた、という点が挙げられると思います。ラジカセも出てきて、多くの人がFM放送をカセットテープに録音しました。そして、もうひとつは、1979年にソニーがウォークマンを発売したこと。当初は再生専用ということで懸念されましたが、大ヒット。音楽を外に持ち運びできるようになりました」

つまり、市場の拡大は、カセットテープの〝音楽用〟としての用途が急速に広がりを見せた結果だというわけだが……話を進める前に、TDKのカセットテープ事業が歩んだ道のりを、おおまかに確認しておこう。

1966年：6月、OEM向けカセットテープ生産開始
　9月、自社ブランド「シンクロ」発売
1968年：米国で音楽用カセット「SD」を発売
1969年：日本国内で「SD」を発売
1972年：ストライプ・パターン作戦実施
1975年：ハイポジションの「SA」を発売
1977年：SDを廃番にして「AD」を発売
1979年：メタル・ポジションの「MA-R」「MA」を同時発売

もちろん、これら以外に書ききれないほどの型番があることはご承知の通りだ。それら全てを含めた年間売り

上げのピークは、

「TDKに関しては1983年。全世界で700億円という数字が残っています。占有率で言えば、世界各国でTDKがトップシェアになったのが1988年ですね」

と畠山氏。ちなみに、その当時のシェア率の詳細は、欧州でこそ27％だが、日本で35％、アメリカで30％、イギリスでは47％にも及ぶ。この数字を見れば、88年当時、TDKがどれほど世界のカセットテープ市場を席巻していたかがわかるというものだが……。


ここに至るまでの道のりは決して平たんではない。果たして、どんな壁が立ちはだかり、どう対処したのか。キーワードは〝戦略〟だ。


まず、TDKの大転機となるのが、1972年のストライプ・パターン作戦の実施。裏事情はこうだ。

「当時のシェア率はソニーが7割。残りの3割をTDK含め各社が取り合っている状況。そんな中で2月1日、ソニーが500円で販売していた60分テープを400円にすると発表したんです。値下げの理由は二重価格の是正でしたが、ソニーの発表が、さらにシェア率を拡大するためのものだったことは明らかでした」


TDKは戦略をもって、すぐさま応戦する。

「紙ケースを全廃して、全商品をPケースに変更。さらにデザインをストライプパターンに一新して、Dタイプ（スタンダード）60分をソニーと同じ400円で発売することを決めたんです」

畠山俊三。1960年、TDKに入社し、68年に磁気テープ事業部へ移動。営業、宣伝の仕事に携わった後、75年に商品企画課に移動。79年に商品企画課長に就任。数々のカセットテープを世に送り出し、2000年に退職。

そして、製造、販売、技術、スタッフが一丸となった結果、新たなTDKカセットテープが店頭に並んだのは5月5日。ソニーの発表からわずか3カ月の大断行だった。その3年後、1975年にTDKがソニーのシェアを逆転。トップシェアを獲得することになるのだ。

## 純国産のハイポジションのテープを作り出す!

音楽用ノーマル・ポジションのカセットテープが普及するにしたがい、ユーザーがより高音質なものを求めだすのは自明の理。そこで市場に登場するのが〝クロームポジション〟のカセットテープだ。

「1972年に、アメリカのデュポン社が開発したクローリンテープ。これを基準にしたクローム・テープが各社から発売されました。TDKもそれを輸入し〝KR〟という名称で商品化したんです」

ところが、ここで〝音質〟に関わる壁が生じる。畠山氏が当時の状況を振り返る。

「クローリンテープの品質が悪くて、TDKの基準をクリアしないんです。音質的に言うと、クローリンテープは確かに高域が優れているんですが、中低域の特性が良くなかった。デュポン社にクレームをつけても『TDK以外はどこも文句を言ってないから問題ない』と相手にしてくれませんでした」

そこでTDKは、どのような戦略をとったか。輸入品が使えない代物ならば、自分たちで作ってしまえとばかりに、アビリンを使用した、新しい発想にもとづく磁性体の開発に着手したのだ。

「アビリン磁性材は、ガンマ酸化鉄の周りにコバルトを吸着させたもの。コバルトの吸着量をコントロールすることで、音の特性を変えることができたんです。そのため、中低域から高域まで、バランスの取れた音質が得られました」

その結果、よりダイナミックレンジが広く、高い再現性をともなった「SA(=スーパー・アビリン)」を、TDKにおけるクロームポジション、すなわちハイポジション・テープとして発売(1975年)。その音質で日本のみならず、世界を驚かせることになったのだ。

## オーディオ界に激震が走った究極のカセット「MA‐R」

こうして、ノーマル・ポジションの「SD」に加え、ハイポジションの「SA」も数字を伸ばし、名実ともに〝世界のカセットブランド〟となったTDK。しかし、ライバル他社も黙っていない。強敵として立ちはだかったのは日立マクセルのノーマルポジション用カセットテープ「UD（ウルトラ・ダイナミック）」だ。

「TDKにとっては、SDは営業面でも重要で、利益的にも美味しいところでした。ところが、マセルのUDが、ものすごく強かったんです」

TDKはここでも、定着していたSDを廃番にするという大胆な戦略を断行する。

「SDの後継商品として1977年にAD（アコースティック・ダイナミック）を発売したんです。テープにはリニアフェリックという新開発の高性能磁性材を使用していて、音が高域までフラットに伸びていく。私からするとバランス的に少し高域が出すぎかな、という懸念はあったんですが……そこを逆手に取って〝つき抜ける高音の冴え〟というキャッチフレーズとともに、広告キャラクターにジャズトランペッターのマイルス・デイヴィスを起用しました」

そして、見事にADをヒットさせた勢いそのままに、メタルテープ元年といわれる1979年には、オーディオ界に激震が走ったと言われる「MA‐R」を市場投入。

「MA‐Rは、走行性も抜群でした。走行性が悪いとワウ・フラッター、つまり音揺れが出てくるんですね。カセットハーフには2カ所にガイドローラーがあり、センターにはヘッドにテープを圧着させるパットがあるなど、いろいろな技術が詰まっています」

「MA‐R」のハーフには高精度のダイキャスト・フレームが使用されている。フレームがプラスチックの場合は、走行するときの振動が伝わってヘッドタッチを悪くするという事例が想定された。MA‐Rはダイキャストフレームを採用することで振動を激減させることに成功。これに、競合他社は追随することができなかったのだが……。

1982年のCDの登場が、カセットテープ業界に大きな打撃を与えることになったのはご承知の通りだ。

今回、ＴＤＫの黄金時代を振り返った畠山氏。「ＣＤが世に出てこなければ、さらに高音質のカセットテープを出すという計画はあった」としながらも、その表情はやり切った感に満ちて晴れやかだ。最後に、令和のカセットテープ再評価の流れについて、こう語ってくれた。

「カセットの弱点は高域に弱いという点ですが、逆に言えば中低域がしっかりしている。要はレコードと一緒で聞き疲れしない音だということが評価されているのではないでしょうか。それに、ＴＤＫのＳＤと、マクセルのＵＤでは音に違いが出る。同じノーマルでも品番やメーカーによって差が出る。ポジションによっても音は変わります。そうした選択肢があるのが、カセットの魅力ですよね。デジタルではメディアによる差はありませんので」

なるほど、確かにその通り。当時、色んなカセットテープを試しては「俺はＴＤＫ派」「やっぱマクセルでしょ」と主張し合っていた青春時代が蘇る取材であった。

上はTDKノーマル・ポジションの代表格「AD」。中はハイポジションの「SA」（1975年発売）。下は現在もネット等で高値で取引される、メタルポジションの「MA-R」（1979年発売）

# 新ブランド立ち上げに関わったOBによる証言

# AXIA
カセットテープ
# CASSETTE TAPE

1985年に発売されるや、それまでカセットテープのメイン購買層ではなかった小中高生のハートをわしづかみ。全く新しいマーケットを開拓することに成功したAXIA。富士フイルムOBが、その開発秘話を語る！

文／川合拓郎

1985年6月。すでに成熟していたカセットテープ市場に突如として登場し、とくに若い世代に圧倒的な人気を誇った「AXIA」。そのAXIAを、斉藤由貴のCMとセットで覚えておいでの方も多いことだろう。しかし、AXIAが〝富士フイルム製〟であることを認識して買っていた人は、意外と少ない。なにしろパッケージの表面に「富士フイルム」の表記はなく、裏面に小さく記載されていただけだったからだ。

「それはね、富士フイルムのカセットだということを、隠したかったからなんです（笑）」

そう語るのは、富士フイルムOBの高山了氏。実はこの方……そもそもはビデオテープ畑でVHSの研究・開発に携わり、また自身も商品化に関わったコンピューター用塗布型磁気テープ「富士フイルムDLT tapeⅣ」が、国立科学博物館の「重要科学技術史資料（愛称：未来技術遺産）」に登録されているという磁気テープ一筋の方。

そして、この方はAXIAの生みの親のひとりというわけなのだが……富士のカセットであることを隠したかった裏事情とは？ さらに、カセットテープメーカーとしては、成熟市場で弱小という不利な状況で参入するにあたり、TDK、ソニー、マクセルの〝御三家〟に対し、どのような戦い方で挑んだのか。そこには映画のシナリオになりそうな、熱いヒューマンドラマがあった。

## 音質良好ながら走行不安定だった「FX」

物語のプロローグは、AXIA以前、富士フイルムの「フジカセット」としてオーディオカセットを販売していた1970年代中ごろにさかのぼる。

「その時点では、私はまだビデオの担当だったんですが、1974年に富士フイルムが『FX』という画期的な商品を出したんです。ノーマルポジションで高音まで突き抜ける音で、ハイポジ並みの高音質でした。TDK、ソニー、マクセルの御三家だけじゃなく、評論家もビックリしてね」

と高山氏。ところがこの「FX」は不発で終わる。初期性能は良かったのだが、使い込むとデッキによっては走行が不安定になり〝テープ鳴き（キーキー鳴る）〟という現象が出てしまったのだ。

「御三家から『あれは戦闘機だから墜落したんだ』と笑われたそうです」。当時の、航空自衛隊の次期主力戦闘機導入計画の略称がFXだったことになぞらえて揶揄されたことは、富士フイルム社内でも語り草になった。

## 「不治（富士）の病」と揶揄された悔しさ

富士フイルムのカセットテープ事業が鳴かず飛ばずの状況の中、物語の第1幕は1984年に時を進める。富士フイルムは、VHS等で急成長する磁気材料事業の組織を大改革。関連する研究、工場、営業部門を一体にし、磁気材料事業本部が誕生した。高橋諄一本部長は真っ先に「オーディオは事業として中途半端だ。やるか、やめるかはっきりしたい。やるなら根本的に見直し徹底的にやることだ！」と激を飛ばす。

髙山氏が、当時の状況を振り返る。

「当時は、私が担当していたVHSが面白いように伸びていた時期でした。正直、オーディオなんて小さなマーケットで、継続は必要ないと思っていました。御三家が取りこぼした15％程度の小市場を、富士とデンオン、3Mなんかで取り合うわけですから（笑）」

しかし、そんな後ろ向きな気持ちに火をつける出来事が立て続けに起こる。営業部長や課長が、「富士は技術力はあるが、マーケティング力が全くない」「不治（富士）の病だ」などと、他社幹部から揶揄されていた。さらに髙山氏自身も、御三家が出席する磁気テープ工業会の忘年会の席で、「富士のオーディオは邪魔なんだよ」と邪険にされ、つかみ合いのケンカを演じるはめになった。

「悔しかったですね。オーディオ担当を言い渡されたときは

髙山了。1972年に富士写真フイルム（現富士フイルム）に入社。小田原工場でビデオテープの研究開発に携わる。4年後本社営業部門に移り、VHSのスーパーHGなどヒット商品を企画。1983年、課長になり、オーディオも担当。AXIA商品化チームの商品設計を担当する。

が〝オーディオ事業撤廃すべき〟の思いでしたが……次第に営業部門全体に〝ここで止めてしまっては〟という共通意識が芽生えてきました」

と髙山氏。ここから富士フイルム、磁気材料営業部門の、新たなカセットテープを生み出す挑戦が始まることになるのだが……ここで高橋事業本部長が英断を下す。商品企画から開発、製造、営業、広告宣伝、販売といった全工程をワンチームで行うプロジェクトチームを作ったのだ。

「通常であれば、富士フイルムが行うのは商品企画から製造、広宣まで。販売は子会社である販売会社の『富士マグネテープ（宗雪雅幸社長）』に任せていたんです。ところがこのときは、企画の段階から販売会社の若手に加わってもらい、広宣業務も移管したんです」

〝任せていた〟と言えば聞こえはいいが、以前の状況は販売会社とすれば〝押し付けられていた〟のと変わらない状況だったと髙山氏。それが企画段階からチームに召集され、自分たちが出すアイデアや意見が商品に反映されるとなれば、士気が上がらないはずがない。

結果、さまざまな立場の人間が一丸となった。プロジェクトチームは、日々熱気に満ちていくことになる。

## 富士フイルムの社名を捨てたネーミング

そしてAXIAが姿を現すまでの怒涛の第2幕。まず、課長になったばかりの渡辺憲二氏がわずか数名の検討チームを率い、調査チームの徹底的な市場調査が始まった。髙山氏率いる商品設計チームは技術者ばかりだったが、まずマーケティングのイロハを学ぶことだったと髙山氏は語る。

「私を含めて、マーケティングに疎い人間ばかりでした。どのようなカセットにすればいいのかも、どこをターゲットにすればいいかも、全くわからない状態でした」

外部のマーケティング専門家も迎え、最新のマーケティングを学び、短期間で徹底した市場調査を繰り返した。また髙山氏自身は、戦争論も熱心に勉強したそうだ。

「孫子の兵法、桶狭間の戦いや、日露戦争関係の本を読み漁りました。弱者の戦略、弱い者が強い者に勝つにはどうしたらいいのかを知りたかったんです。FX戦闘機だから墜落したと揶揄された時代の二の舞を演じないよう、

高音質維持しつつ、テープ走行耐久性も向上しました」

そうこうするうち、次々と決めなければいけないことが見えてきた。そんな中で一同は、思い切って富士フイルムの名を捨てるという大胆な決断をする。

「それまで富士フイルムのカセットは、写真量販店の店先のワゴンで安売りされてるイメージが定着しちゃってたんです。そこから脱却するために、まったく新しいブランド名で売り出すことに決めました」

これが冒頭でお伝えした、富士のカセットであることを隠したかった裏事情だ。

また、御三家と同じ土俵に上がっては、勝機はないと議論した末、それまでのカセットの主購買層ではない、小中高生にターゲットを絞るという勝負に出た。

「この決断には、初潮の若年化に着目して女性用生理用品の分野に進出した、花王さんのマーケティング戦略が非常に参考になりました」

ターゲットが決まると、今度はデザインだ。ミー・トゥ・カセット（高級感を重視した、御三家と同じようなデザインのカセット）では中高生にウケないと判断。

「薄いブラウンのスモークを入れたスケルトンのボディを採用し、型番などはラベルを貼らず、カセットの上に直接3色タンポ印刷するという新しい方法を採りました」

## AXIA成功のポイントは「当事者意識」

最も難航したのはブランド名だ。デザイン部門が提案した中に「AXIA」があった。ギリシャ語で「価値あるもの」という意味を持っていたが、社内では、特に上層部からは「フジの名が消える」とすこぶる不評だった。

「もう、ボロカス（笑）。そもそも、なんて読むんだ、と」

ところが、中高生に行った調査結果は、特に中学生たちは「AXIAが一番かっこいい」と答えたが「アクシア」とは読めなかった。理由を聞くと「読めないからかっこいい。誰にでも読めるのはダサイ」。チームの〝おじんたち〟は、マーケット調査結果を信じ、納得し、AXIAに賭けた。

綿密なマーケティング調査により、1985年に誕生したAXIA「PS-I」は、発売からほどなく爆発的に売り上げを伸ばしていくことになる。AXIAは、御三家が

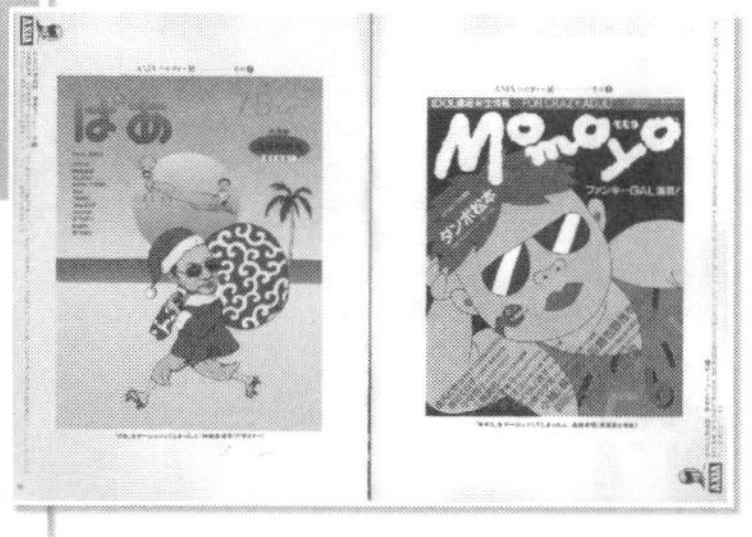


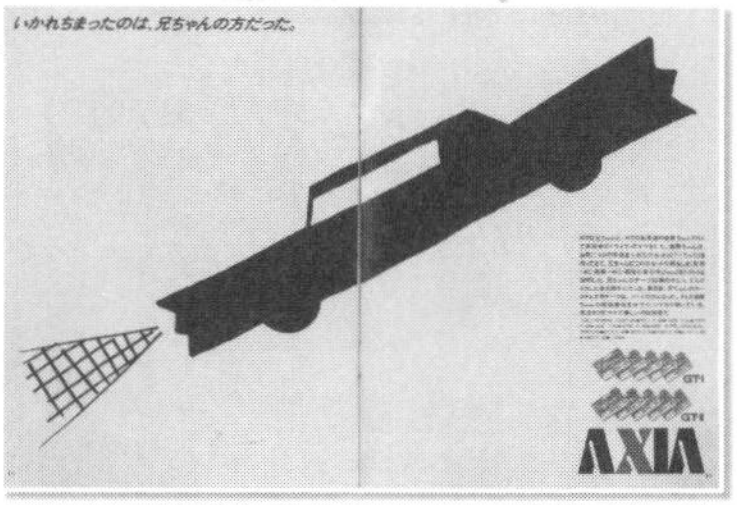


AXIAが発売された85年、雑誌のような作りで当時の若者にPRをすべく配布されたのが、こちらの豪華小冊子。表紙裏にはイメージキャラクターの斉藤由貴が！

ノーマークだった団塊世代ジュニアの中高生をターゲットに、新しいマーケットを創出することに成功したのだ。高山氏はその状況を「AXIAに風が吹いた」と表現する。

「新しい市場を拓こうと諦めずに行動すると、風が吹いてそこに道が開ける……そう感じました」

イメージキャラクターに起用した斉藤由貴が、翌年のNHK朝ドラに主演して大ブレイクを果たしたこと。さらに、持ち歩けるオーディオとし1979年に登場したウォークマンの存在。1987年、小田原の技術者が20%薄くした「スリムPケース」を開発、好タイミングでPSスリムとして商品化し、大好評だったこと。レンタルCDショップが全国へ広がり、CDをカセットにダビングする習慣が定着して、若年層の需要がますます拡大したこと。これら全てがAXIAにとっては、これ以上ない展開だった。

このように、AXIAの成功はさまざまな決断、要因が重なった結果に違いない。しかし、高山氏はこう断言する。

「立場に関わらず、AXIAに関わった全ての人間……本来は社外の人間までもが〝当事者意識〟を持って、まるで自分のことのように臨んでくれたことが最大の勝因だと思っています。その証拠にAXIAを強烈に印象付けたこのロゴ、Xの部分だけ赤字ですよね。これを提案したのは、デザイナーではなく販売会社の営業マンですよ」

企業が新規市場を創出するためには、市場の先を読み、当事者意識の徹底は重要な課題。AXIAの教訓が、低迷する日本企業再生のヒントになる?

「宝箱」に秘められた
録音のメカニズムを知る

# カセットテープの構造と特性

カセットとはフランス語で「小さな箱」の意味。カセットテープは文字通りオープンリールテープを縮小して小さなハーフに組み込んだ、使いやすく優れたメディアだった。その構造を見ていこう。

文／大塚康一　イラスト／ほんだあきと
参考資料：「カセットがやさしく楽しめる本」（TDK）

## テープの音質を決める最大の要素は磁性体

カセットテープの録音メカニズムは、デッキまたはレコーダー機器側の磁気ヘッドにカセットハーフ側のパッドでテープを圧着し、電気信号を磁性体に記録するというもの。テープはハーフ側のガイドローラーと機器側のキャプスタンで定速回転するゴム製ピンチローラーに挟まれ、476ミリ／秒の速度で走行する。トラック構成は2トラック・モノラルまたは4トラック・ステレオで、オートリバース機を除き、通常ハーフ表面（A面）と裏面（B面）を引っ繰り返して使用する。

カセットの音質を決める最大の要素が磁性体で、種類そのものがカセットの性能を表してもいる。カセット

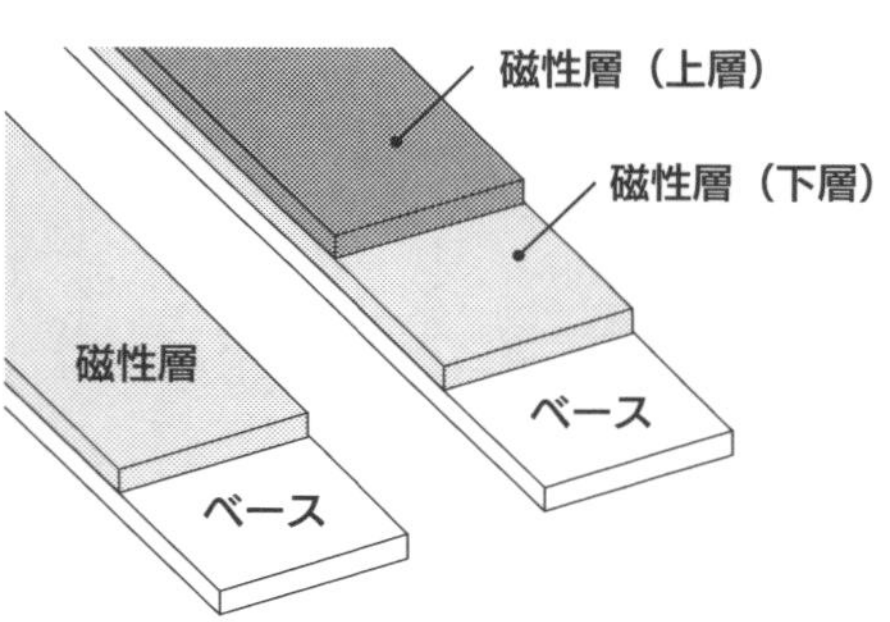


磁気テープの構造。一般的には1種類の磁性材を塗る単層（イラスト左）だが、中には特性の違う2つの磁性材を塗った2層（イラスト右）もある

おおつか　やすかず
バイオリニスト＆ギタリスト出身で、音楽/楽器/オーディオビジュアル/パソコンの記事を執筆するマルチライター。内外著名アーティストのインタビューにも定評がある。特技は耳から入ってくるどんな音楽でも譜面に書き表せることと、龍星館黒帯の中国武術。

# カセットテープのサイズは全世界共通！

ハーフサイズは64ミリ×100ミリ×12ミリ、テープ幅は3.81ミリ、走行速度は476ミリ／秒

が登場した頃の磁性体は、酸化鉄を使ったノーマル一択だったわけだが、より高音質で録再するため、様々な磁性体が開発された。ノーマルの高域を伸ばしノイズを低減するために生まれたのがハイポジションで、その低域を補完し、さらにダイナミックレンジを拡げて究極の特性を実現したのがメタルであった。

### ◉ノーマルの特徴

磁性体にγ（ガンマ）酸化鉄を用いた、カセット発売時からの原形であり標準的なタイプⅠテープ。ダイナミックレンジとノイズの改善を目指して、二層塗布やコバルト被着の磁性体を塗布した高性能タイプも多い。強力な重低音や突き抜けるような高音を必要としない、ポップスやロックなどを気軽に聴くのに向く。

### ◉ハイ（クローム）ポジションの特徴

より保磁力の強い二酸化クロム（CrO2）を磁性体に用いた高性能タイプⅡテープ。レコーダーのヘッドが摩耗しやすいことと公害問題から、後期はマグネタイト（四酸化鉄）やコバルト被着酸化鉄系が主流になった。低ノイズで高域の伸びも優れるが、やや低域が弱い。音質の良い音楽全般、特にインスト系で真価を発揮。

### ◉メタルの特徴

磁性体に酸化していない鉄、または鉄主体の合金を使用した最高級タイプⅣテープ。材質上酸化しやすく非常に強い保持力のため消去しづらい欠点はあったが、カセットの限界を超えオープンリールに迫る特性を持つ。あらゆる音楽を高音質で録再可能だが、レンジが広くエッジの利いたデジタルサウンドなどに最適。

Cassette Tapes' Structure and Properties

# カセットテープ各パーツの名称

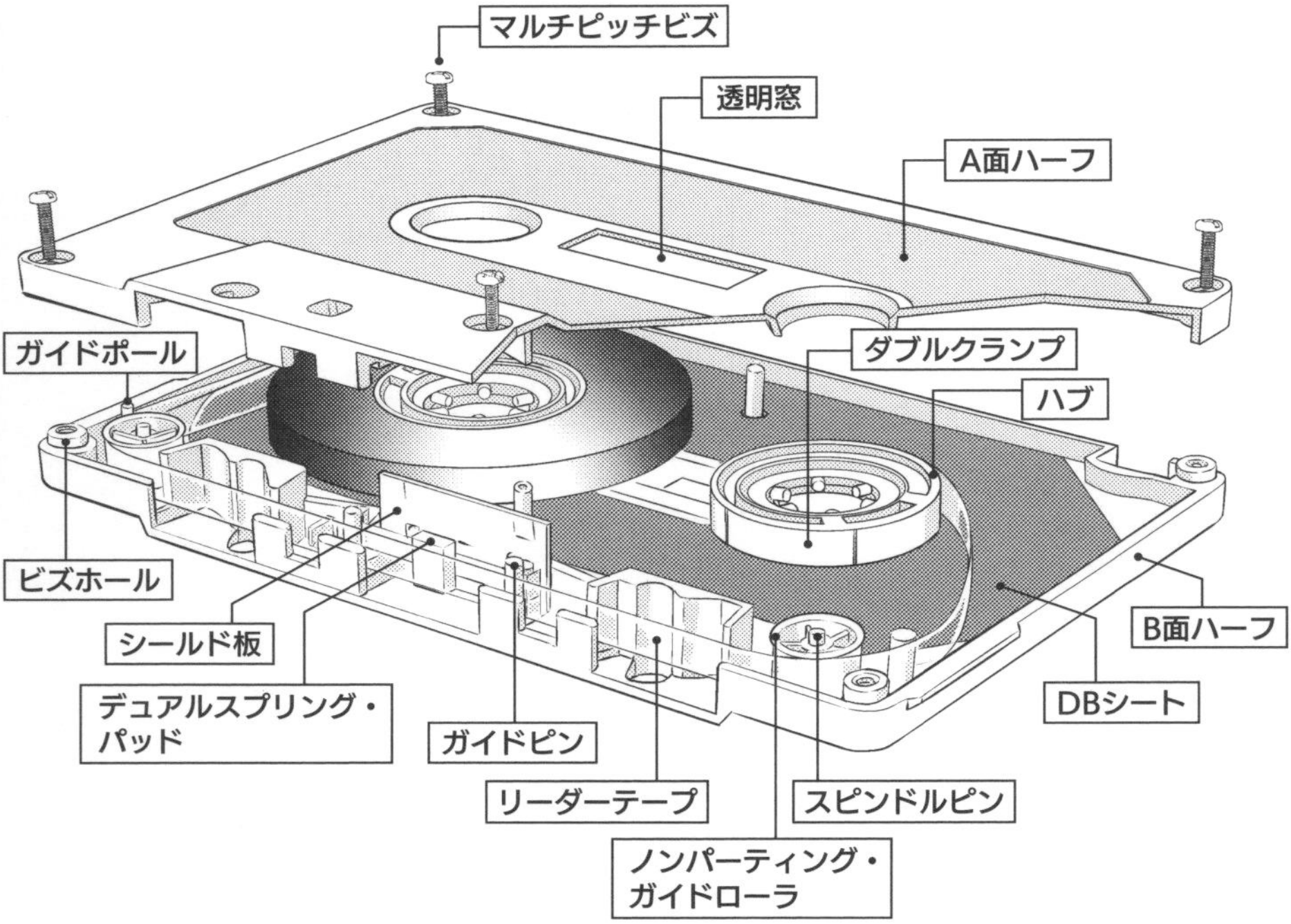


## カセットテープの構造

コンパクトカセットはテープ、リーダーテープ、ハブ、スリップシート、パッド、シールド板、ガイドローラー、ハーフ（シェル）などの部品から出来ている。素材はメーカーによって異なるものの、基本的な構造はどのポジションでも共通だ。

ハーフのサイズは横100ミリ、縦64ミリ、厚さ9ミリ（ヘッドに当たるメカ部分は12ミリ）。テープ幅は3・81ミリ（0・15インチ）、走行速度は476ミリ／秒。録音再生トラックは磁性面の上下にL・Rチャンネルが並んでいるため、音源がステレオでもモノラルでも同じ機器で再生できるという利点がある。カセットが広く普及した大きな要因のひとつだ。

カセットテープの性能は磁性体が大きな要素ではあるが、それだけで決まるわけではなく、テープ走行のメカニズムやハーフの精度も影響する。

意味を知れば性能もわかる!?

# カセットテープ用語集

## MOL

MOLとは「Maximum Output Level」つまり最大出力レベルのことを指す。再生した時、聴くに耐えない歪んだ音になるぎりぎりまで設定できるレベルのことだ。単位はdB（デシベル）で表す。一般的に高性能テープほどMOLは大きくなり、例えばノーマルテープ3.5dB＜ハイポジ4.5dB＜メタル6.5dBといった感じだ（いずれも315Hz基準）。

## 周波数特性

テープや機器の出力が周波数ごとに変化する度合い。単位はHz（ヘルツ）。転じて、再生可能な低域から高域までの値。英語「Frequency Response」を略して「f特」とも言う。機材の性能によっても左右されるが、初期のノーマルでは60～10000Hz程度だった。メタルでは最高級デッキを使えば、高域はCD以上の25000Hz辺りまで録再可能とか。

## ダイナミックレンジ

再生した時、実際に聴こえる音信号の最小値と最大値の比率。単位はdBで表す。要するにテープのノイズが少なくMOLが大きいテープはダイナミックレンジが広いことになり、高性能なテープほど値が大きくなるのが普通だ。また、略して「レンジが広いor狭い」と言われることも多く、周波数特性と混同して用いられる場合もあるので注意しよう。

## バイアス

効率良く歪みのない録音をするためにあらかじめ録音ヘッドに流す、いわばアイドリング電流のようなもの。テープのタイプ別に最適なバイアスを掛けないと、本来の音質が得られないのだ。例えばハイポジションならハイバイアスで、ポジション同様ハーフ背面の消去防止爪横にある凹みで自動設定されるが、切り替えスイッチを設けたデッキなどもある。

## 所有するカセットの数は なんと2万個！

# Z世代の CASSETTE TAPES COLLECTOR

カセットテープ・コレクター

この令和の時代に、昭和生まれの五十路記者が、平成ひと桁生まれのカセットマニアのお宅にお邪魔。後にカセット業界を背負って立つかもしれない若者の話を聞いた！

取材・文／川合拓郎

## 小5で目覚めてしまった収集癖

その部屋に入った瞬間、まぁ驚いたこと。写真をご覧の通り、部屋には現行品のラジカセからヴィンテージもののラジカセがそこかしこ。棚の中央に積み上げられた、見るからに高級そうなオーディオはCDとアンプのほかに、カセットデッキだけで4台も。

なにより、棚と言わず、床と言わず、そこら中に積み上げられた無数のカセットテープ……ホントにこれ、令和の若者の部屋ですか？　もうね、五十路オヤジもタジタジ。溢れるマニア心が前面に出ちゃっている、いい意味で異様なお部屋なのである。

で、写真の中央で、TDKのメタルテープ「MA-R」を手にニッコリ微笑んでいるのがこの部屋の主、若月啓聡さん。平成5年生まれの29歳で、普段は会社員をしているそうなのですが、実はカセットマニアの間では、知る人ぞ知る有名人なのだとか。

**――それにしても、すごい量ですね。カセットテープは全部で何個くらいあるんですか？**

「もう数えるのを止めちゃったんですよね（笑）。全部で2万本くらいだと思います。開封済みが1万5000本、未開封が5000本くらい」

**――ポジション別には把握していますか？**

「いやぁ、どうですかね。本当にざっくりですが、ノーマルが1万1000本、ハイポジが8000本。やっぱりメタルは少なくて、1000本くらいしかないと思います」

「しか」ってサラッと言っちゃうあたりが、さすがマニアさんって感じですが（笑）。聞けば、若月さんがカセットに興味を持ち始めたのは、幼少期に家にあった父親のカセットがきっかけだそうで。

「父親がレンタルショップで借りてきたCDをカセットに録音して車で聴いていたんです。僕がそれに興味を持ったのが1歳か2歳。で、2歳のクリスマスのプレゼントに、サンタさんにラジカセをもらっているんですよね」

**――よく覚えていますね！　その後、カセットテープを意識的に集め出したのはいつごろですか？**

「小5のころですね。写真屋さんの店頭で、ワゴンセールで売ってたカセットを買ってました。で、買っている

# CASSETTE TAPES Z世代のCOLLECTOR

うちに、色んな種類のカセットがあることがわかってくるじゃないですか。そうしたら、それを集めたくなっちゃって……」

**——みんながゲームに夢中になってるときに、ひとりでカセット集めだしたんですね（笑）。**

「そうですね。高校生のときは、近所のリサイクルショップでデッドストックのブランクテープを買いまくっていました。箱にごそっと入ってて、1個50円みたいな。その中にMA-Rなんかも入ってたりして。宝探しみたいで楽しかったんですよ！」

言っときますけど、若月さんの高校時代は、西暦で言えば2009年から2011年。iPodはもうiPod touchになっていたし、とっくの昔に着うたフル（2004年サービス開始）ってな時代ですからね。

というわけで、11歳のときからカセットテープを集め始めて19年という若月さん。こちらの素朴な質問に、マニアならではの答えを返してくれました。

**——これだけ集めて、いまだに手に入らないカセットテープはあるんですか？**

「デンオンのMG-X。デンオンの中で一番高級なメタルテープなんです。これの未開封がまだ手に入らないんです。見つけたとしても高くて、今だと1万5000円ぐらいするんです。なんですが、実は見た目がそんなに好きじゃなくて、激烈に欲しいというわけでもないんですよね（笑）。でも、持ってないから欲しいことは欲しい。で、安く見つけたら、どうしようかなぁと迷いつつ、結局は買っちゃうんですよ。昔なら3～4000円で買えたんです。ホント、買っておけばよかったです」

どうですか、この揺れまくるマニア心。これ、女性には理解されないアレですよね、男のロマンってやつ。

## 違うデッキで録音し音の違いを楽しむ

さらに、話がカセットテープ、カセットデッキの使い道に及ぶと、若月さんの目の色が変わります。

**——これだけあると、重複しているカセットもありますよね？**

「そうですね、実際に使うテープは何個も買ったりしますから」

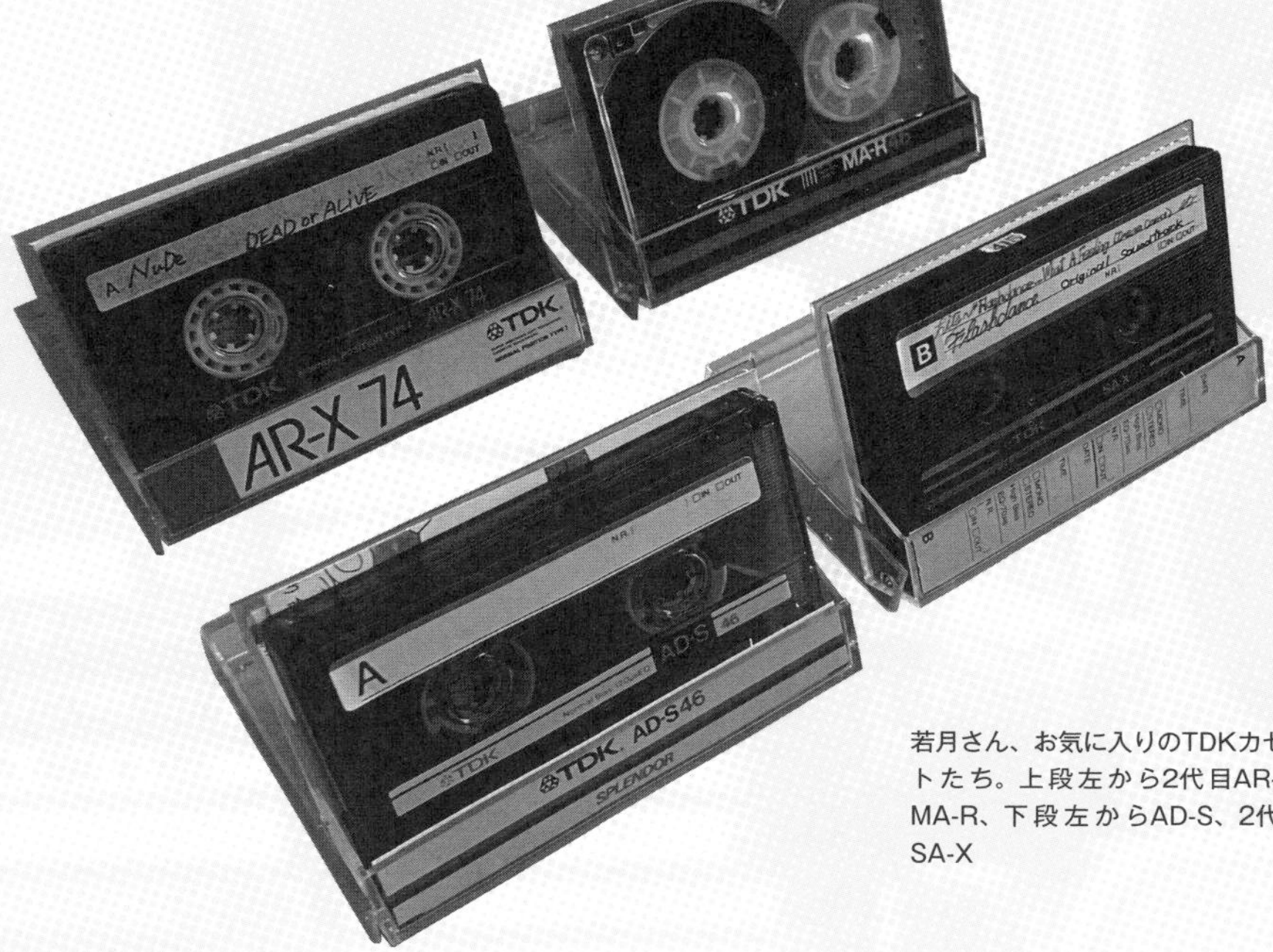

若月さん、お気に入りのTDKカセットたち。上段左から2代目AR-X。MA-R、下段左からAD-S、2代目SA-X

# Z世代の CASSETTE TAPES COLLECTOR

そうなのです。フィギア・コレクターのように物を並べて眺めるだけでなく、彼の場合はそこに、カセット本来の〝音楽を聴く〟という楽しみも求めているんです。

**——ということは、ダビング用ってことですよね。**

「はい。レコードやCDからダビングする用です」

**——僕らの時代とやっていることは同じですね。レンタルショップで借りたCDをカセットにしたり。レコードをカセットに録音して、友達にあげたりしてましたよ。**

「僕の場合、カセットをもらってくれる友達はいませんけどね（笑）」

思わず苦笑いする若月さんですが……CDが聞ける環境なのに、何ゆえカセットにダビングするなんて面倒な作業をしているのかと尋ねると？

「同じ音源を、メーカーの違うカセットデッキ2台でダビングして、音の違いを楽しんでいます」

**——そりゃまた、マニアックな聴き方してますねぇ！若月さん、立派なオーディオマニアでもあるわけですね。**

「メーカーによって中低域が強かったり、高域が強かったり、少しずつ違うんですよ。あっ、これはされたナカミチのカセットデッキの上位機種『DRAGON』

（1982年発売）なんですけど、すごく優秀で。ほかのデッキで録音した録音状態の異なるテープも、このデッキは自動調整して、いい音で再生してくれるんです」

聞けば、ナカミチのカセットデッキは現在、中古市場・オークションなどで価格が軒並み高騰。若月さんがDRAGONを購入したのは3年前、メンテナンス済みで17万円だったそうだが、現在は40万円ほどに跳ね上がっているだとか。

**——でも一般的に、CDに比べてカセットは音が良くないって認識されていますよね？**

「僕的には、音質が下がるという感覚があまりないんですよね。デジタルのキンキンした部分が、いい意味でなくなる。ハイポジ、メタルだと高音が出てきますけど、ノーマルで言えばそういう感覚なんですよね」

## 〝一粒で3度美味しい〟カセット収集

**——まさか、カセットテープを集めだした小5のときから、音の違いを楽しんでたわけじゃないですよね？**



「さすがにそれはないです（笑）。そもそもは小5のときの、パッケージがいっぱいあって集めるのが楽しいって気持ちから始まってます。たとえば、TDKのAD。実はこれ、ロットによる違いがあるんです」

と、カセットの山からTDKのADを3本取り出す若月さん。

「見てください、ADの文字色、こっちの白いけど、こっちは青いでしょ。で、これは緑。青と緑はめっちゃ少なくて、ほとんど見かけません」

確かに、そういう発見が、マニア心を育てていくんだよな。さらに、同じ型番にしても、楽しみが3段階味わえるのだと若月さん。

「当時の開封済みのテープが手に入ったとするじゃないですか。そうすると、同じ開封済みでもインデックスが揃っている状態のものが欲しくなる。するとさらに、未開封のものも欲しくなるじゃないですか」

**——じゃあ、一番好きなメーカーといったら？**

「TDKです。個数的に一番多く持っているのもTDK。音的な好みで言うと、TDKのAR-X（TDKノーマルポジションの最上位モデル）ですね。デザインで言う

ご覧ください、収集癖ここに極まれりって感じのこのお部屋。ここまでくると「あれ、どこいったのかな、ここの辺にあるはずなんだけど……」と迷子が出るのはご愛敬。積み上げられたカセットデッキ含むオーディオは、今なら総額200万円近く？



と、やっぱりMA-Rがダントツ。レアなとこだと、AD-Sも好きです。ちなみに、ハイポジならSA-Xですかね。SA-Xの金の帯のやつ、これが好きです。改めて考えてみると、どっちかというと見た目重視なのかなぁ、僕は……眺めてニヤニヤしてたいタイプ（笑）」

いいですねぇ。この記事を読んでいる人、ちゃんとついてこれてるかしら？　と心配になるほどのマニアぶり！　最後に、近年のカセットブームについて尋ねると、こんな答えが返ってきた。

「昭和ってエモいよなってだけで、オーディオ用じゃないカセットテープで音楽を聴いていたり、雰囲気でカセットを聴いてる人もいると思うんです。でも、ちゃんとしたオーディオ用のカセットテープを、ちゃんとしたデッキで再生すると、めっちゃいい音がするんですよ。それを知ってもらえないと考えると、いまのブームに対しては、少しモヤモヤした気持ちは残りますね」

確かに、表面をなぞるだけのブームなら、そのうち廃れてしまうでしょう。カセットテープの未来は、若月さんのような泥沼にずっぽりハマってるマニアさんにかかっているのかも？

FM、カセットテープ
鈴木英人、シティ・ポップ……
元編集長が振り返る

# FM STATION

# 『FMステーション』回顧録

**1981年、4冊目のFM情報誌として世に放たれた『FMステーション』は、斬新な当時の少年少女たちの心をとらえ、50万部を超える人気雑誌への成長していく——。**

文／恩藏茂

おんぞう・しげる
1949年、東京・世田谷区生まれ。慶應義塾大学ドイツ文学科卒業。元『FMステーション』編集長。主な著書に『「FMステーション」とエアチェックの80年代』『ビートルズ日本盤よ、永遠に』、訳書に『ブラー—ブリット・ポップと100万ポンドのシャンパンの日々』など。

## カセットテープがＦＭを若い世代のものにした

１９８０年代はじめから90年代末にかけて、『ＦＭステーション』という雑誌がありました。このところの80年代シティ・ポップの世界的な再評価にともなって、昨年、『ＦＭ ＳＴＡＴＩＯＮ』のロゴと鈴木英人氏のイラストを使用した、カマサミ・コング氏のＤＪ入り懐かしのシティ・ポップ・コンピレーションアルバム（『FM STATION 8090 CITY POP & J-POP by Kamasami Kong』avex infinity）が通常ＣＤのほか、ＬＰジャケットサイズ仕様およびカセットテープ（ともに初回生産限定版）で発売されるなど、80年代に青春を過ごした音楽ファンの一部では思い出の雑誌になっています。

と言っても、当時を知らない方にはピンとこないかもしれません。右の文章のキーワードはＦＭ、カセットテープ、鈴木英人、そしてシティ・ポップの４つです。

かつてはクラシックやジャズといった趣味性の高い、大人の音楽が中心だったＦＭ放送は、ポップスといえば映画音楽やスタンダード・ナンバーが流れるくらいで、若い世代向けのヒット曲、とくに後にＪ・ＰＯＰと呼ばれる国産の和製ポップスは相手にされていませんでした。ところが、手軽なカセットテープが普及して、若い世代の録音メディアとなるにつれ、若者向けのヒットポップスがＦＭ放送の重要なコンテンツとなっていきました。その相乗効果によって、若い世代の間で時ならぬエアチェック・ブームが起こったのです。

「エアチェック」も死語かもしれません。もともとは電波状況などをチェックする意味でしたが、なぜかリスナーが番組を録音する意味として使われるようになった言葉です。

ステレオで放送されるＦＭは、高音質の音楽専門局としてＡＭ放送とは一線を画していました。レコード化されていない音楽祭やジャズ・セッションなど貴重な音源が放送されるときには、大きな円盤（リール）にテープを巻きつけたオープンリールデッキを用いてエアチェックしたものでした。ダビングするためにはデッキをもう一台用意して、ケーブルで接続して行いました。編集も大変で、カットしたい部分があると、ハサミで文字どおりカットしてスプライシングテープなるもので、つなぎ合わせたい部分と貼り合わせなければなりませんでした。

それがカセットテープなら、ただデッキにポンと放り込むだけで録音できます。ダブルカセットデッキという秘密兵器の登場で、ダビングも編集も簡単になりました。オランダ生まれのカセットテープは、思えば画期的なアイディアでした。テープを「カセットハーフ」と呼ばれる小さな箱に閉じ込めて持ち運びを可能にし、音楽をリスニングルームから解放しました。「カーラジオ」は「カーオーディオ」に変わり、自分で録音・編集したドライヴィング・ミュージックを楽しめるようになった。ラジカセに続くウォークマンの登場で、音楽はついに街に飛び出しました。

ちょっとお高くとまっていたFM放送も、こうした若い世代の音楽の楽しみ方の変化を無視できず、次第に最新のヒットポップスを積極的に取り上げるようになりました。

エアチェックの対象も、来日した人気ジャズ・ミュージシャンによる野外コンサートの中継や、小澤征爾がボストンフィルを振る海外からの生中継など、レコードでは聴けないものから、話題の最新アルバムのような人気アーティストの新曲が中心になっていきました。

付け加えておきますが、これは決してコンテンツの質が低下したという意味ではありません。偶然に時期が一致したと言えばそうかもしれませんが、ポップスのクオリティーも格段に向上していたのです。



## エアチェックに欠かせないFM番組情報誌の役割

ここでFM雑誌の説明をしておいたほうがいいかもしれません。いちばんの老舗である『FMファン』が創刊されたのは1966年。なんとNHK-FMがまだ実験放送だった時代（本放送開始は1969年）です。これは各メディアへのラジオ・テレビの番組表の配信を業務のひとつにしていた発行元の共同通信社に、NHKから直接依頼があったのだと聞いています。

つまり、FM雑誌とは正確に言えば「FM番組情報誌」なのです。

やがてNHK-FMの本放送開始に続いて、同年暮れにFM愛知、翌70年にFM大阪、FM東京（すでに

FM東海として実験放送は始まっていました）、FM大阪が相次いで開局すると、71年に『週刊FM』（音楽之友社）、74年に『FMレコパル』（小学館）が創刊され、こうして「FM4局・FM3誌時代」とも呼ぶべき、のどかな良き時代が10年間続くことになるのです。

そうして1981年、時はエアチェック・ブーム真っ盛り。FM3誌で90万部という一大市場を形成していました。そこに最後発のFM誌として『FMステーション』（ダイヤモンド社）が創刊されてFM4誌時代が幕を開けるのですが、実はその前年に『FM3丁目』（オーディオ出版）という雑誌が出たことはあまり記憶されていません。それもそのはず、この雑誌はわずか半年ほどで休刊してしまっています。擬人化された動物のイラストを表紙にしたポップな感じの雑誌でした。

これらの「FM番組情報誌」のメインは番組表でした。各局の各番組でオンエアされる曲目とアーティスト名がオンエア順に紹介され、それに各曲の演奏時間まで掲載されていました。リスナーはお目当ての番組やオンエア曲にマーカーを引き、各曲の演奏時間を合計して、46分、60分、90分テープなどからそれに見合うカセットテープを用意し、ラジカセもしくはミニコンポの前で放送が始まるのを待つ。神経質なリスナーはCMが始まると一時停止（ポーズ）ボタンを押し、終わると同時に再び録音を開始したものです。エアチェックした番組の部分を番組表から切り取ってカセットケースに入れれば曲目表になります。

FM番組情報誌は、もっと正確に言えば「FMエアチェック情報誌」なのです。



## 心躍る楽しくもアナログな自分だけのカセットづくり

FM誌の役割はそれで終わりではありません。FM誌には例外なく、工夫を凝らした美しい写真やポップなイラストをあしらった「カセットレーベル」が付録として綴じ込まれていました。これを切り取ってカセットケースに入れ、背ラベル（インデックス）にタイトル名を書き入れて、ライブラリーに加えるのです。マニアになると、インレタ（インスタントレタリング）を使い、そこに印刷された文字をひとつひとつ転写してタイトルを作成したものです。ステーションならステーション、レコパルならレコパルと、ある一誌のレーベルでそろえた方がデザインに統一感があって見映えがよくなります。こうしたアナログな作業を積み重ねてカセットケースを飾り、自分だけのお気に入りのテープに仕立てることを、ステーションでは「ドレスアップ」と呼んでいました。スマホで音楽を楽しむ現代とは違って、音楽をオリジナルの形にして所有することに喜びを感じた時代だったのです。

さて、最後発のFMステーションは、発行部数50万部を記録する人気雑誌となるのですが、その原因のひとつが、表紙に起用した鈴木英人氏のイラストをカセットレーベルにしたことでした。アメリカ西海岸の香りがすると評された英人さんのイラストは爆発的な人気を得ました。その人気ぶりは、カセットレーベルをこれでもかと綴じ込んだ鈴木英人イラスト集を別冊として出したところまたたく間に売り切れ、英人レーベルの応募者全員プレゼントを企画すれば何万通もの応募があって、その発送作業に編集部員全員が駆り出され、仕事にならなくなったほどでした。

付録の鈴木英人イラストのレーベルは『FMステーション』の大きな魅力のひとつだった

## 「真夜中のドア」をネットで聴きながらあの時代を思う

英人さんのイラストは、『FMステーション』の創刊から半年後に発売された山下達郎の名盤『FOR YOU』にも使われたこともあり、折からのシティ・ポップ・ブームにイメージが重なったのでしょう。いつの間にか『FMステーション』も追憶の中でシティ・ポップとオーバーラップして語られるようになりました。編集部としてはとくに意識していたわけではなく、むしろ〝FM界のアイドル雑誌〟と揶揄されるほど、FM誌では珍しく松田聖子や中森明菜、小泉今日子の特集を組んだものでした。ところが、それがシティ・ポップのイメージと決して矛盾していない。聖子・明菜・キョン2の曲は最近になってむしろ評価が高まっている気がします。

アメリカのヘヴィメタ・バンド、メガデスのギタリストだったマーティ・フリードマンはJ-POPの大ファンとして知られますが、70年代までの日本のポップスは洋楽のモノマネだったと語る一方で、80年代以降の楽曲はオリジナリティーにあふれた日本独特のものだと評価していました。これは80年代の日本のシティ・ポップが、いま海外で大人気だという現在の状況に通じています。

確かに70年代までの日本のミュージシャンは「洋楽に追いつけ追い越せ」を合言葉にしていました。それがようやく日本独自のポップスとして成熟し、花開いたのがシティ・ポップ、それにアイドル歌謡だったのではないでしょうか。それをアーティストとして、あるいはソングライティング、プロデューサー、アレンジャーなどの裏方として支えたのが、70年代に暗中模索していたミュージシャンたちだったと思います。

やがてFM局の多局化によって、FM誌は番組表を載せきれなくなり、レンタルCDの登場などによってエアチェック・ブームも影を潜め、のどかな時代は終わりました。でも、当時は決して正当には評価されていなかった松原みきさんの「真夜中のドア～Stay With Me」をYouTubeで聴きながら、コメント欄にあふれる外国語の文字を眺め、彼女の懐かしい歌がいま世界各地で聴かれていることを思うと、カセットテープの時代を懐かしむ一方で、ネット時代の音楽シーンの在り方も決して悪くないと思うのです。

『FM ステーション』の元編集長の話のあとは、いまはなき、懐かしの4大FM情報誌をそれぞれ細かく振り返ってみよう。1980年代を生きた人なら一度は、これらの情報誌を買ったことがあるのでは？

プレイバック

## FM誌は音楽やオーディオ入門の水先案内人だった

いまから40年前の1980年代。当時、『FM fan（ファン）』『週刊FM』『FMレコパル』『FMステーション』という4つの「FM情報誌」なるものが存在し、若者を中心に支持を集めていた。とりわけ音楽に興味を持ち始めたばかりの中学生にとって、そこまで専門性が高くないFM情報誌は、音楽やオーディオ入門の水先案内人として、まさに適任であったのだ。人気イラストレーターのイラストや人気マンガのキャラクター、アーティストの写真、美しい海外の風景写真……各誌が独自性を出していた付録のレーベルも魅力だった。しかも、隔週で発売されていた各誌はいずれもお手頃

カセットテープ・カルチャーを象徴するエアチェックの相棒！

各誌こんな特徴でした！

FM fan ｜ 週刊FM ｜ FMレコパル ｜ FMステーション

# PLAYBACK 4大FM情報誌

化価格の200円ほど。小遣いの少ない中学生でも気軽に手が届いたのも人気を集めた理由だろう。その当時、FM情報誌の総発行部数は90万部ともいわれ、カセットテープと共にこの世の春を謳歌していた。

ところが、1990年代に入ると、1982年に誕生したCDの普及や新しいスタイルのFM局「J-WAVE」の登場などによるエアチェック文化が衰退。その存在理由を失っていき、ついに1991年、『週刊FM』が休刊。その後、90年代には2誌が相次いで休刊。2001年には最後の砦だった『FM fan』も終了となり、35年におよぶFM情報誌の歴史は幕を閉じる——。

次のページでは、そんな懐かしいFM情報誌をそれぞれ見ていってみよう。

元祖FM雑誌は
最後まで戦い続けた――

# FM fan

最古参のFM情報誌にして、最後まで出版し続けた『FM fan（ファン）』。創刊は1966年。そのきっかけは、NHKからの共同通信社への提案だったそうだ。扱う内容はクラシック、オーディオが中心で若年層を取り込もうとするライバル誌と比較すると品のある誌面構成だった。アメリカの権威ある音楽業界誌『ビルボード』のランキングが載っていたのも魅力だった。

DATA
表紙デザイン：アルバム・ジャケット／アーティスト写真
発行：共同通信社／創刊：1966年
休刊：2001年／判型：B5

時代とともに判型、
内容を変化させ続けた

# 週刊FM

出版元はクラシックの本を多く出す音楽之友社ながら、扱う内容はロックやニューミュージックといったポピュラー音楽が中心だった『週刊FM』。『FM fan』と同じB5からスタートしたが、その後、何度かサイズを変更。表紙のデザイン、ロゴも時代と共に変化していった。音楽ランキングはTV番組「ベストヒットUSA」と同じ『ラジオ＆レコーズ』だった。

DATA
表紙デザイン：イラスト（安西水丸ほか）／アーティスト写真）
発行：音楽之友社／創刊：1971年
休刊：1991年／判型：B5／A4ワイドほか

## オーディオ色強めの誌面はマンガも充実

# FMレコパル

総合出版社ならではのコンテンツが魅力だった『FMレコパル』。ややオーディオ色が強めの内容で、ちょい大人向け。石ノ森章太郎ら超大物によるアーティストをテーマにマンガや人気マンガ家のイラスト・レーベルも大きな魅力だった。1995年に休刊したが、2014年に創刊40周年を記念して1号限りの復刊を果たした。

DATA
表紙デザイン：イラスト（マルディロ）
発行：小学館／創刊：1974年
休刊：1995年／判型：B5

## 最後発ながら若者の心をつかみシェア1位へ

# FMステーション

シティ・ポップが盛り上がる80年代初頭、大きな判型と鈴木英人のイラストで市場に参入した『FMステーション』。無駄なく使える誌面と鈴木英人のイラストとレーベル、そしてジャズやクラシック、高級オーディオを扱わない親しみやすい内容が当時の中学生の心をつかみ、あっという間にナンバーワンFM雑誌に。最盛期には50万部を発行していたという。

DATA
表紙デザイン：イラスト（鈴木英人ほか）
発行：ダイヤモンド社／創刊：1981年
休刊：1998年／判型：A4ワイド

TALKING ABOUT CITY POP.

アーティストたちが語ったシティ・ポップ

Shigeru Suzuki

# いま改めて振り返る
# シティ・ポップの黎明期

# 鈴木茂

**はっぴいえんどのギタリストとしてキャリアをスタートし、細野晴臣らとともに1970年代から数多くの名作に携わってきた鈴木茂。シティ・ポップ誕生の瞬間はいつ？　そのサウンドの秘密は？　率直に語っていただいた。**

取材・文／真鍋新一
撮影／榎本壯三

BAND WAGON Shigeru Suzuki

## マッスル・ショールズを目指し理想を掲げた1970年代

「これまでも周期的にリバイバルはありましたけど、海外の人たちが聴いてくれるなんてね。もちろんうれしいことです。どうやら日本に面白いレコードがあるらしいぞと気がついてくれた方々はきっと普通の人よりも探究心が強くて、あれこれと調べながら今日まで時間をかけてその輪を広げてくれたんでしょうね」

世界的なシティ・ポップのブームを受けて、鈴木茂は自らの歩みを今、どのように思うのか。ご存じのように鈴木氏は1970年代のはじめ、はっぴいえんどのメンバーとして大瀧詠一、細野晴臣、松本隆と行動をともにしていた。グループの解散後は作詞家となった松本氏と、作曲家でソロ・アーティストとなった3人はそれぞれに、ときには作品作りをともにしながらその後の音楽シーンを牽引していくことになる。現在、日本の音楽を発見している人たちと同じように、当時の彼らもこれからの音楽を探求していく最中であった。

「特にはっぴいえんどは、みんなFEN（Far East Network／在日米軍向け放送）が好きで、ある日、車のラジオからアレサ・フランクリンの『ロック・ステディ』が流れてきた時は、メンバー全員同時にガーン！

すずき　しげる
東京都世田谷区出身。はっぴいえんど、ティン・パン・アレーとして多くのセッションに参加する傍ら、『BAND WAGON』『LAGOON』といったソロ作品を発表。さらに林立夫、小原礼と10代の頃に組んでいた「SKYE」に松任谷正隆を加えて再始動させた。

CITY

# 僕らは音楽のルーツがない、浮き草だったんだ

と来た。その後すぐに演奏の仕事でスタジオへ行くと、もうドラムの人があの曲そっくりに叩いてる（笑）。僕らに限らず、みんな新しいサウンドがやりたくてしょうがない。そんな時代でした」

ひとつの契機となったのは、1973年9月に行われたバンドの解散コンサート『CITY・LAST TIME AROUND』。これは各メンバーが立ち上げたプロジェクトのお披露目コンサートでもあった。イベントの副題は、グループがお手本にしていたアメリカ西海岸のバンド、バッファロー・スプリングフィールドのラスト・アルバムと同じ。では「CITY」の由来は？

「言葉に関しては松本さんの発言力が強かった。『風都市』という僕らの事務所の名前も松本さんがつけてくれたんです。『CITY＝都市』というワードはきっと、松本さんの発想だと思う」

『CITY』は同じ月に発売されたはっぴいえんどのベストアルバムのタイトルでもある。このとき細野と鈴木は、林立夫、松任谷正隆と合流してキャラメル・ママを結成。活動の当初から都会的なサウンドを志向していた彼らはまさしく「CITY」という言葉を体現した作品を残していく。細野のソロアルバム『HOSONO HOUSE』、吉田美奈子『扉の冬』、荒井由実『ひこうき雲』、彼らが演奏を務めたこれらの作品はすべて1973年に発表されており、その後に続く名作の端緒となるものであった。「シティ・ポップ」と後に呼ばれる音楽がここに生まれようとしていた。

「そうだね。最初の夢を持った4人が集まって、思い描いたものをきちんと形にできたのは、このあたりの作品かもしれない。そのとき僕らは何を考えていたかというと、アメリカ（アラバマ州）にマッスル・ショールズというスタジオがあるよね。専属のミュージシャンとスタッフで、そのスタジオのサウンドをひとつのブランドみたいに考えるシステム。だから僕らも、『ゆくゆくは自分たちのレコード会社が持てたらいいよね』という話をしていたんです」

キャラメル・ママが作り上げたサウンドについて、鈴

木はこう分析する。

「アメリカのバンドを聴くと必ずどこかカントリーの雰囲気を感じるように、本来は誰にでも音楽のルーツがあるはずなんだけど、僕たちは日本人的な歌謡曲や演歌のような要素を一切排除してロックをやっていた。そういう意味じゃ、僕らはルーツがない、浮き草だったんだね(笑)。それで、いろいろなところから吸収した要素をミックスする作業に徹することが多くなっていった」

このときキャラメル・ママの4人がとったのは、アレンジャーが事前に用意した譜面に従うのではなく、ミュージシャン自身が現場で顔を合わせながら音を作り上げていく《ヘッドアレンジ》という手法だった。

「『ひこうき雲』ではユーミンが持ってきたコード譜を見ながらみんなでアイデアを出していったんだけど、会話という会話はしなかったんだよね。『じゃ、やろうか』という感じで、細野さんがまずベースラインを弾き始めると言って4人が集まると、『僕はこう弾いてみよう』と言って4人が集まると、細野さんがまずベースラインを弾き始める。すると林くんがそのフレーズに合うようなリズムのパターンを作ってくれる。そこが決まったらあとは簡単なんだ。ギターの僕はそこに乗っかるだけでいいからね。このパターンなら、こう弾けば合うだろうな……という考えがすぐ浮かんできて、マンタ(松任谷)はキーボードを弾きながら曲全体のコード進行を見てくれている。だから会話をする必要がそもそもなかった」

こうした画期的なレコーディングが業界で注目を集め、これで活動が軌道に乗るかと思われたが、事態は想定外の方向へ向かっていく。

## 理想と現実の違いに直面しながら個性とサウンドを磨き続ける

「僕らの個性が世間に認められたのはよかったんだけど、ベースだけ来てくれとか、キーボードだけとか、スタジオ・ミュージシャンとしてバラバラに起用されてしまうことが増えて、4人で一緒に音を出せる機会が減ってしまったんです。それで、自分たちのアルバムを作るまでに時間がかかってしまった」

その結果として生まれたのが、鈴木と南佳孝がデュエットした名曲「ソバカスのある少女」を含んだアルバム『キャラメル・ママ』。矢野顕子や佐藤博といった周

## 音楽の配合を自分なりに試行錯誤してきた時代だった

辺のアーティストたちを巻き込み、グループはティン・パン・アレーと名前を変えていた。

「結局、それぞれが作った曲を作曲した人が主導して、演奏メンバーも他所から好きな人を呼んできていいよ、ということになった。それってすごくクールな発想だよね（笑）。もはやバンドの形をしていなかったんだけど、面白いセッション・アルバムができた」

思い通りにいかないことがあっても個性あふれる作品が次々と生み出されていた時代を、鈴木はこう振り返る。

「あの頃のみんなに共通していたのは、それぞれの音楽性は違っても、どんな要素も受け入れてみる姿勢を持っていたこと。それまでになかったものを作るために、いろいろな配合を自分なりにトライしてきた試行錯誤の時代なんです。だから失敗しちゃう場合もあるし、思いがけず面白いものができたりもした。それがきっと、今でもあの時代の音楽を新鮮な気持ちで聴いてもらえている理由なのかもしれない」

近年、過去の名盤が再発売される際はレコードだけでなく、カセットテープでもリリースされるケースが増えてきた。レコードと同じく、アナログにしかない魅力がそこにある。

「実際、磁気テープは音域が広いんです。デジタルは人間の可聴範囲を超えているからといってスパッとある程度の周波数で音を切ってしまうんだけど、アナログは上にも下にも音がちゃんと入っている。耳で判断するのは難しくとも、身体のどこかで違いを感じ取っているんだろうな」

アナログ好きが高じたせいで、いまだにパソコンに不慣れなところがあると言う鈴木は、これからの音楽にどんな期待をしているのだろうか。

「パソコンで音楽を作るのが当たり前になった今でも、方法は千差万別です。どんな方法をとるにしても、少しでも良い音にするための努力やこだわりを持つ人が増えてくれたら、音楽はもっと楽しくなるような気がしています。僕個人としても、そういう人たちとこれからお付き合いをしていきたいんです」

いとう　ぎんじ
シンガー・ソングライター、アレンジャー、音楽プロデューサー、ギタリスト。1950年12月24日生まれ、大阪府出身。バンド『ごまのはえ』としてのメンバーとしてプロ活動開始する。1976年に大瀧詠一、山下達郎と共に『NIAGARA TRIANGLE Vol.1』を発表。その後も歌手、ギタリスト、作曲家、アレンジャー、音楽プロデューサーとして音楽活動を続ける。

# TALKING ABOUT CITY POP.

アーティストたちが語ったシティ・ポップ

Ginji Ito

## 『SONGS』を作ったとき、あの音楽に見合う言葉は日本にはなかった

# 伊藤銀次

**シュガー・ベイブに在籍し、名曲「DOWN TOWN」を生んだ伊藤銀次。日本のポップス黎明期から大瀧詠一やティン・パン・アレー周辺との音楽的交流を経て、松原みきや佐野元春など、80年代のシティ・ポップへと連なる音楽シーンの中核で、常に活躍してきた音楽職人が、シティ・ポップ誕生の瞬間を語る！**

取材・文／馬飼野元宏
撮影／榎本壯三

## はっぴいえんどに憧れて、大阪から上京

1972年のデビュー以来、ギタリストとして、またシンガー・ソングライターとして現在まで第一線で活動を続ける伊藤銀次。現在、シティ・ポップと呼ばれる音楽に、70年代から関わり続けてきた伊藤に、デビューの頃の話から伺った。

「僕は、はっぴいえんどに憧れて、大阪から上京し、大瀧詠一さんと出会い、『ごまのはえ』というバンドでプロとして活動を始めました。当時、〝シティ・ポップ〟という呼び名はまだなく、それまでの歌謡曲と違う音楽が出てきたということで、レコード会社が〝ニューミュージック〟という呼び名を付けた。僕らはその端っこにいる、そんな捉え方をされていました」

では、シティ・ポップ的な音楽が登場したのは、いつ頃だと考えているのだろう。

「僕はシュガー・ベイブの『SONGS』が、シティ・ポップのひとつの雛型になったと思う。〝シティ〟という概念は、松本隆さんがはっぴいえんどを解散後、南佳孝さんの『摩天楼のヒロイン』をプロデュースしたとき、既にあったと思う。都会の音楽、東京の音楽、そのイメージを最初に打ち出したのは松本さん。その後、山下達郎君が出てきた。当時、日本のロックはウエストコースト系のサウンドに影響されていたバンドが多かったのに、山下君はニューヨーク系というか黒人音楽。白人でもヤング・ラスカルズのようなブルー・アイド・ソウルに影響を受けていた。山下くんが『SONGS』を作ったとき、あの音楽に見合う言葉は日本にはなかったんです」

伊藤も参加したシュガー・ベイブは美しいメロディー、コーラスの導入が特徴のグループ。だが「SHOW」では一転して激しいリズムを聴かせる。これまでの日本にはなかった音楽だった。

「ライヴに出ても、演奏が終わった瞬間、観客が戸惑っているのがわかるんです。ノリに行くのか、じっくり聴くべき音楽なのか、僕らの音楽をどう聴いていいかわからない」

当時、渋谷のジァン・ジァンでライヴをやっても、客はいつも10人ぐらい。山下達郎は評価されない苛立ちを常に抱えていたという。だが、この『SONGS』には

# 『SONGS』が、シティ・ポップのひとつの雛型になったと思う

名曲「DOWN TOWN」が収録されている。伊藤の作詞に、山下の作曲。この曲はどのようにして作られたのだろう。

「元はキングトーンズに書く予定の曲で、僕と山下君には別々に依頼がありました。僕はフォー・トップスがダンヒル・レコードに移籍して最初のアルバム、好きで聴いているうちに♪DOWN TOWNへ繰り出そう〜、の部分だけができた。それで山下君に連絡して、一緒に作ろうとなり、彼が曲を作っていく横で、僕が詞を書いていったんです」

ペトラ・クラークの「恋のダウンタウン」の歌詞で、どんなに気持ちが憂さ憂さしていても、ダウンタウンへ来るとウキウキする——そのイメージを想定しつつ、行くだけでウキウキする町を描いた。ちょうど開発の始まった渋谷がおしゃれな街に変貌しつつあって、その印象を歌にしたという。

「実は、渋谷はアップタウンですけどね（笑）。詞を書く上で、大瀧詠一さんが『あかさたなで始まる歌は売れるよ』と言っていたのを思い出し、この曲は初めてメディアに出ている人のために書くものだから、売れる詞を作らないといけないと考え、〝七色〟〝たそがれ〟〝街角〟と、アタマに全部ア段の単語を並べた。特に〝七色〟はロス・プリモスの『ラブユー東京』の♪七色の虹が……から来ているんです。僕は『有楽町で逢いましょう』とか、都会派のムード歌謡も実は好きなので（笑）」

## シティ・ポップの名曲として海外からも賞賛が届く「こぬか雨」

シュガー・ベイブを解散後、伊藤は1977年に初のソロ・アルバム『デッドリイ・ドライブ』を発表。この中には、現在もシティ・ポップの名曲として知られる「こぬか雨」が収録されている。『ごまのはえ』時代に作った曲で、ガロの「美しすぎて」を聴いた際、メジャー・セブンスの響きに魅せられ、自分でもメジャー・セブンスで曲を書いてみようと思い、完成した

作品だった。

「だけど、ごまのはえでやっていた泥臭い音とは合わないから、寝かせておいたんです。その後、山下君と出会った際に、『こぬか雨』を聴かせたら、シュガー・ベイブでやりたいと。それで、テンポも詞も変えていい？と言われて（笑）。それで、シュガー・ベイブのライヴではテンポの速いバージョンをやっていました」

ごまのはえが解散となり、大阪に帰ろうか……と悩んでいた際、霧雨が降り出した西新宿の風景を見て浮かび、この曲が生まれたという。

「シティ・ポップの詞って、俳句みたいに言い切らないところがいいんです。心象を風景に託すというか、『こぬか雨』なんて寸止めもいいところ。『今にもかけだしそうなぼくの心が足を止める』。これはあのときの僕の気持ち。実はダウナーな曲なんです。だから僕のバージョンはスローテンポになっている」

近年は「こぬか雨」を聴いた外国のリスナーが、伊藤のSNSに絶賛のメッセージを送ってくるという。中にはブラジルの19歳の少年が「こぬか雨」が大好きで、友人に薦めているというメッセージをもらったとも。

「書いた当時は、まさか世界中で聴かれる曲になるなんて、まったく思ってもいなかった。不思議なことが起きていると思います」

## シティ・ポップとは成熟していった東京の音楽である

その後、松原みき&カステラ・ムーンに参加する。

「このとき、みきちゃんは事務所の方針で、普通のアイドルとは違い、バック・バンドも付けて露出したいという考えだったんです。そのバンド・リーダーを依頼されて、彼女のファースト・アルバム（『POCKET PARK』）を聴かせてもらったら、ビックリしましたよ。何これ？　シュガー・ベイブじゃない！　その頃、竹内まりやさんもデビューしていたし、これからこういう音楽を歌うアイドルが出てくるぞ、と思い、ぜひやらせてほしいと言いました」

現在、松原みきのデビュー曲「真夜中のドア～Stay With Me」が、海外で大人気となり、その余波で日本でも高評価を得ていることはご存じの通り。

CITY

# シティ・ポップを作る人間は、落語を知らなきゃダメですよ

「このときのみきちゃんとの出会いが、その後、佐野元春君との仕事に繋がっていくんです。彼女の音楽出版社側のディレクターから、今、こういうアーティストを扱っている、と聞かされたのが、佐野君の『アンジェリーナ』でした。これは驚きましたね」

伊藤を驚かせたのが、たった1音に「シャンデリア」という単語が入っていたこと。そういうアーティストはこれまで存在しなかった。もう1曲「さよならベイブ」を聴いた際は、シンガー・ソングライターとしての資質に驚いたという。

「佐野君の楽曲は、これから僕がやりたいと思っていた音楽と合致した。そういう人に巡り合える運命なのかもしれない」

1982年にはこれもまたシティ・ポップの名盤に数えられる『Baby Blue』を発表。伊藤の60年代ポップス、マージービート愛が伝わってくる作品だ。

「あの頃、70年代テイストの音楽、AOR風のものに気持ちが向いていた時期に、60年代ポップスのリメイクのような音楽が出てきたんです。それにフィル・コリンズやビリー・ジョエル、トーキング・ヘッズのティナ・ウェイマスなど、僕らと同世代のアーティストが遅咲きのブレイクを果たしていた。自分の順番が回ってきてるんだ！　それなら昔からやりたいことをやろうと思い、オールディーズに挑んだんです」

最後に、現在のシティ・ポップと呼ばれている音楽は何であるのか、を聞いてみた。

「シティ・ポップってやっぱり東京の音楽なんです。僕は、はっぴいえんどに憧れて上京し、大瀧さんと出会った。ナイアガラやティン・パン・アレー、その周辺のアーティストと関わるうち、東京の音楽というものが、次第に成熟していったんだと思う。その大瀧さんも東京の音楽文化への憧れが強かった。大瀧さんって、最初に会った時、もう落語家の喋り方をしていたから（笑）。それも東京文化、粋さへの憧れからくるものなんです。山下君も落語が好きでしょう。シティ・ポップを作る人間は、落語を知らなきゃダメですよ（笑）」

# TALKING ABOUT CITY POP.

アーティストたちが語ったシティ・ポップ

## EPO

## ポップスは各部品がしっかり設計図通りに組まれている音楽

**1980年、シュガー・ベイブの「DOWONTOWN」で鮮烈なデビューを飾ったEPO。80年代ポップスの申し子ともいえる彼女は70年代シティ・ポップの名曲たちにリスペクトを惜しまず、自身の作品もそこに匹敵するクオリティーの高さで日本の音楽シーンが最も豊かだった時代を駆け抜けた。**

えぽ
シンガーソングライター、セラピスト。1960年5月12日生まれ、東京都出身。1980年、「DOWNTOWN」でデビュー。この曲は『オレたちひょうきん族』のエンディングテーマに起用され注目を浴びる。1983年には「う、ふ、ふ、ふ、」が大ヒット。現在は、様々な「場」でのコンサートを展開中。現代音楽をはじめ、様々なジャンルのミュージシャンとの実験的な音楽交流も注目されている。

取材・文／馬飼野元宏

Y POP.

## 山下達郎に直談判して決まったデビュー曲「DOWNTOWN」

70年代終盤から80年代初頭にかけて、はっぴいえんど、ティン・パン・アレー、ナイアガラ系のアーティストたちが、次々と音楽シーンの第一線へと躍り出ていった。そして、彼らをリスペクトし、彼らから影響を受けた新進アーティストが次々にデビューを飾った時期でもある。シティ・ポップの新たな時代の幕開けである1980年にデビューしたEPOは、まさしくその申し子と呼んでいいだろう。

「最近、海外からの問い合わせが事務所にあって、海の向こうのクラブシーンで、DJが私の曲をかけていると か、私の作品でアナログ盤になっていないものをレコード化してほしいとか、今、そんなことになっているんだ!と初めて知って驚いているところです」

もともと、高校生のときにバンドを始めた。4人組のうち、EPOは曲と詞を書き、ピアノを弾いてバック・ヴォーカルを担当していた。

「最初から裏方だったんです(笑)。コーラスが好きで、メイン・ヴォーカルにハーモニーを入れるのが楽しかった」

高校在学中に、ニッポン放送のコンテスト番組『ライオン・フォーク・ビレッジ』に出場したことが、音楽の道に進む大きなきっかけとなった。

「デモテープを送ったら関東甲信越地区の代表になってしまって。コンテストの会場は日比谷野外音楽堂で、そのときの司会は加藤和彦さんでした。そこで優勝したことで、レコード会社の方たちから、デビューのお話をいただいたんです」

当時、EPOは東京女子体育大学への推薦入学が決まっていた。体育の先生になることが、もうひとつの夢だったのだ。

「それで最初はアルバイト的にCMのお仕事をしたり。その後、大学に入った最初の年に、RCAレコードからデビューが決まったんです」

RCAに所属を決めたのは、大好きだった山下達郎がいるレコード会社だったから。中学生の時、ラジオから流れてくるシュガー・ベイブの「DOWNTOWN」を聴いて、大ファンになったという。

# カヴァーさせてもらえませんかと達郎さんに直談判したんです

「ほかにも、カーペンターズやバート・バカラック、ロジャー・ニコルズなどA&Mのアーティストをよく聴いていました。都会っぽいサウンドが好きだったんです」

最初のレコーディング仕事は、竹内まりやの「SEPTEMBER」のコーラス、及びコーラスアレンジ。その後「不思議なピーチパイ」にもコーラスで参加している。

「メインのメロディーにハーモニーをつけることが大好きで、フロントに立っていなくても十分楽しいんです。アマチュア時代からその点は変わらないですね」

そして1980年、いよいよソロ・デビューとなるが、デビュー曲となったのは、憧れのシュガー・ベイブ「DOWNTOWN」のカヴァーである。

「学生時代から曲は書いていたけれど、レコードにして売る、とかを全く考えないまま作っていたので、ファースト・アルバムを作る際、シングルで切れる曲がないね、新しく書き下ろそうか、という話になり、困ったなあ……と思っていたんです。RCAのスタジオの3階にあるロビーのところで、途方に暮れていたら、目の前を達郎さんが歩いていたんですよ。背中を押されるように、自己紹介して、『DOWNTOWN』を私のデビュー・シングルでカヴァーさせてもらえませんか? と直談判したんです。達郎さんも凄く喜んでくれて、すぐにOKしてくださって。こんなことってあると思います? (笑)」

## シティ・ポップの名作を常にカヴァーし続ける理由

デビューからわずか9カ月後の80年11月には、早くもセカンド・アルバム『GOODIES』を発表する。今度はシュガー・ベイブの「パレード」をカヴァーしたほか、レーベルメイトの大貫妙子さんがコーラスに参加。アレンジには山下のほか、高校の先輩でもある清水信之氏が参加。そしてニューヨークとLAでの海外録音も経験した。

「弦の人たちが上手で、びっくりしました。ハロルド・ホイーラーっていうアレンジャーがとても良くて。そのときは小粋なニューヨーカーという感じでしたが、そんな人たちとのレコーディングで、貴重な体験をさせていただきました」

このとき、竹内まりやも『MissM』のレコーディングで、LAに渡っていた。

「同じ時期だったので、私とまりやさんがA&Mの本社に連れて行ってもらえたんです。そこに、作品のストックルームがあって、所属アーティストが1枚1枚シングル盤を登録して、紙の袋に入ったシングルが、ずらっと並んでいるんです。カヴァーしたい曲をアーティストが探しに来る場所なんですね。ちょうどまりやさんがロジャー・ニコルズの曲をカヴァーすることになり、そのまま2人で、ロジャーのご自宅にも伺って、いろいろな話を聞かせてもらいました」

1983年には、資生堂春のキャンペーン・ソングとして作られた「う、ふ。ふ、ふ」が、ベストテン入りするヒットとなる。

「最初に『う、ふ、ふ、ふ』というコピーをいただいて、CMの尺の部分だけメロディーを作り、それを1曲にしました。そのオーダーに応えるのが大変で、かなり時間はかかりましたが、CM音楽のお仕事は好きなんです。でも、ヒットしたときは、生活が一変しそうで、少し怖かった。次々にタイアップが決まり、アルバムも年1枚のペースですから、常に何か作らなきゃいけない状況でした。アマチュアの頃は音楽を楽しんで作っていたのに、仕事として音楽を作るのに慣れなくて、苦労していた時期でもありましたね」

他の歌手からの楽曲依頼も増えていく。この翌年、高見知佳に提供した「くちびるヌード」や続く「上海エトランゼ」は、どちらもチャイナ風のメロディーが印象深い、エキゾチックなナンバーだ。

デビュー曲「DOWNTOWN」をはじめ、EPOの作品には、70年代シティ・ポップの名作カヴァーが数多い。5作目の『HI・TOUCH-HI・TECH』では伊藤銀次の「こぬか雨」を、そして85年に移籍したMIDIでの第一弾『HARMONY』では、坂本龍一の「TIBETAN DANCE」に歌詞を付けてカヴァー。極めつけは87年に発表したカヴァー・アル

# アレンジと演奏者の力がシティ・ポップの基本を作った

バム『POPTRACKS』で、山下達郎の「いつか」、大貫妙子の「横顔」、ユーミンの「12月の雨」など、シティ・ポップの名曲をこの時期にカヴァーしている。その中で目を引くのが、浅野ゆう子の「セクシー・バス・ストップ」のカヴァーだ。

「『セクシー〜』はあのオリエンタルな感じが好きで、私の中にあった、モータウンとかソウルが好きだった頃の気持ちでカヴァーしているんです。ほかの選曲もすべて私。好きが嵩じてこのアルバムを作ってしまったぐらい。こういうアルバムを作らせてもらえたのも、ある意味、私の心の遺産です」

## アレンジと演奏者の力量が シティ・ポップを普遍的な音楽にした

ＥＰＯは今、新しいアルバムの楽曲作りに入っている。

「昭和の時代にポップスやソウルミュージックを聴いていた人には、キュンキュンしちゃうアルバムを作っています。カーペンターズの世界も、達郎さんの世界も、ブラックコンテンポラリーな音楽も、あとはあの時代の歌謡曲。70年代から80年代にかけて流れていた、あの頃のポップスを今の感覚で作ってみたいんです」

最後に、ＥＰＯが考えるシティ・ポップとはどんな音楽だったのか聞いてみた。

「ポップスって建築物と似ているんです。建築って規則やルールがあって、設計図通りのものを作る。ポップスも同じで、各部品がしっかり設計図通りに組まれている音楽なんです。スタジオミュージシャンたちは、設計図通りにコードが弾けるし、そういう上手い人たちって、ライヴでもいい演奏をしていたわけですから。そういう人たちがシティ・ポップを作ってきたとも言えるんじゃないかな、とこの頃、本当に思います。アレンジと演奏者の力、これがシティ・ポップの基本を作り、普遍的な音楽にしたんです。あの頃、先輩たちの作ってきた音楽を、改めてアレンジや演奏者に注目しながら聴くと、やっぱり設計図がしっかりしているんです」

# ラジカセはモノラルからステレオへ

SONY **CF-1700**

1973年に発売。ソニーのモノラル・ラジカセの代表するモデルで人気も高かった。ラジオ録音ではフェードインとアウトができ、プロ級のエレクトレットコンデンサーマイクを内蔵。定価3万2800円。

## 群雄割拠の時代、各社がしのぎを削り作った名機たち

# Vintage Boombox Gallery

ヴィンテージ・ラジカセ・ギャラリー

**60年代末に誕生したラジカセは70年代になると市場のニーズに応えるべく様々な変化を遂げてきた。ここでは70〜80年代に発売された各社のモデルを通じてその進化の様子を見ていこう。**

National **RQ-448**

取り外して使うことで本体と離れた場所でもラジオを聴くことができるワイヤレスマシンを搭載した1973年のモデル。当時の定価は3万4800円。

SONY **CFS-686**

1978年発売。録音レベルがマニュアル対応でき、ドルビーを搭載した高級モデルで当時の定価は６万9800円。「XYZ（ジィーゼット）」と呼ばれていた。

# さらに高性能化が進み より多機能に

### HITACHI **TRK-8180**

別名、「パディスコ8180」。1979年発売。即頭出しができる機構「デジタル選曲」や計４つのスピーカーを搭載。当時の定価は６万9800円。

### Victor **RC-828**

1977年発売、定価6万6800円。独自のサラウンドシステム「バイホニック」を搭載。さらに録音レベルとボリュームが、左右別々で調整できる。

### TOSHIBA **RT-S90**

1980年発売。定価9万9800円。別名、「ボムビート・アドレス」。ダイナミックレンジを拡大し、ドルビーBを上回るノイズ低減ができる独自システム「adres」を搭載。

### AIWA **CS-80**

1979年発売。定価6万4800円。別名「BASIC CARRY COMPO」。数曲先まで選曲可能なミュージックセンサーと16センチ2WAYスピーカーを搭載。

### PIONEER **SK-95**

パイオニアのラジカセ「ランナウェイ」。SK-70シリーズの最上位機種である本機はメタルポジションに対応。定価7万9800円。1980年発売。

## TOSHIBA **RT-S98**

1982年発売。12万5000円という東芝史上最高額のラジカセで、別名「マッケンジー」。サイズは、横幅74センチ、高さが40センチ弱！　もはやコンポだ。

# 音質の追及は巨大スピーカーの搭載へ

## PIONEER **SK900**

1981年発売。6バンドのグライコ、4基の12センチスピーカーを搭載したランナウェイ・シリーズの到達点。定価10万7000円。近年はプラモデル化されている。

## SANYO **MR-X20 Big Ben**

1980年発売。別名「Big Ben」。中央下の部分には斜め45度に傾けられた20センチのスーパーウーハーを搭載。左右スピーカーそれぞれの音量の調整も可能。

## SHARP **GF-919**

1981年発売。別名「THE SEARCHER-W」。定価11万8000円。最大級のサイズを誇り海外でも人気が高い。16センチウーハー、マルチアンプ搭載。

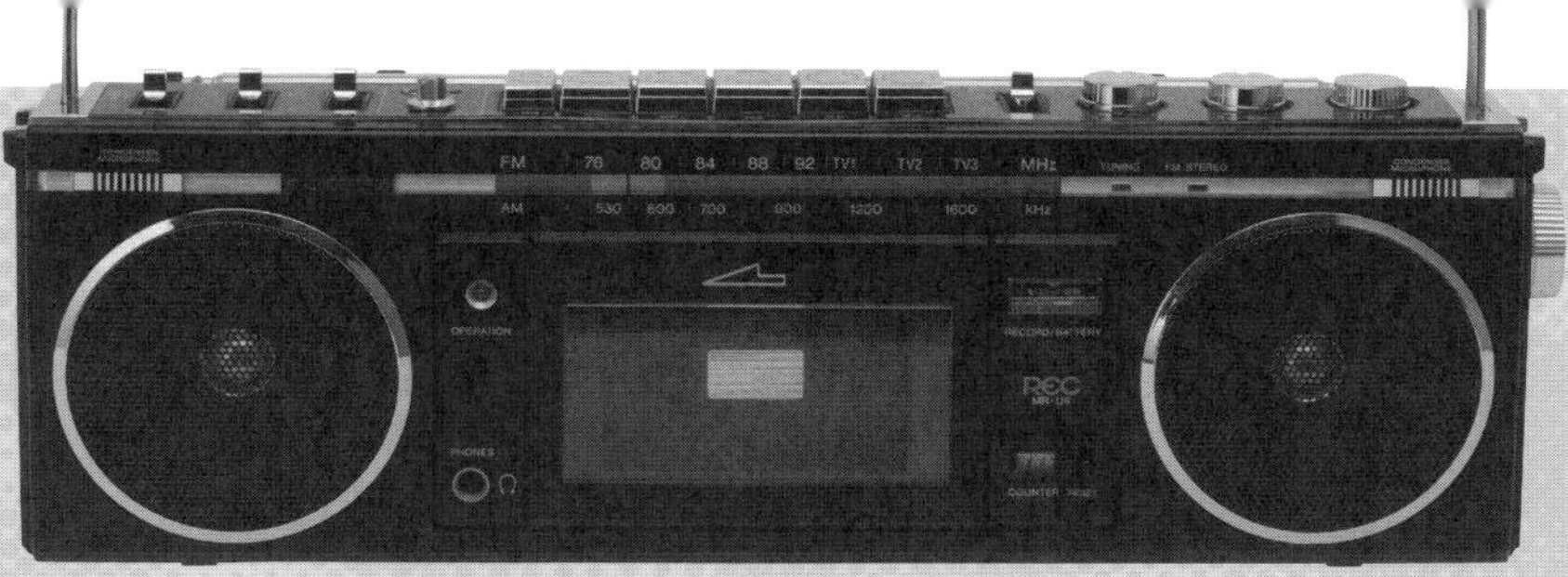


# 小型でかわいく、ファッショナブルに

### *SANYO* ***MR-U4***

1979年発売。小型でファッショナブルなラジカセの先駆けとなった「おしゃれなテレコU4」の初代モデル。定価4万3800円。ノーマルポジションのみの対応。

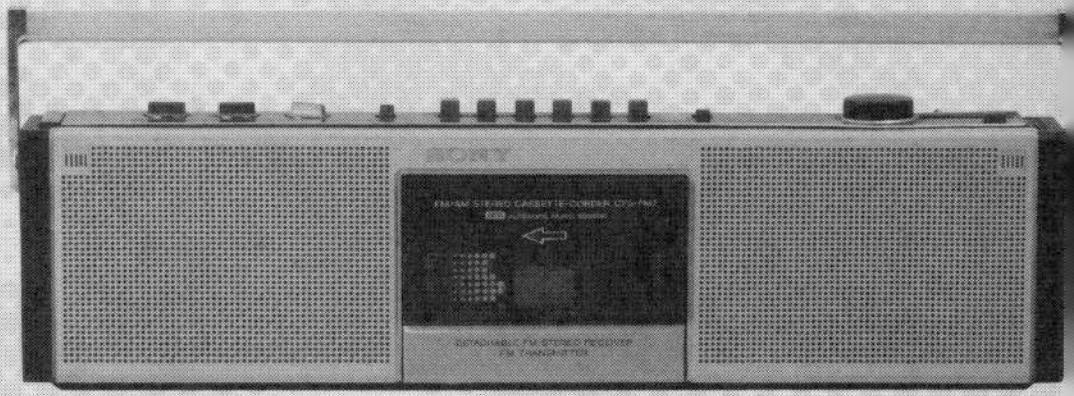


### *SONY* ***CFS-FM7***

1983年発売。トランスミッターを内蔵。搭載している小型ステレオレシーバーでFMラジオをワイヤレスで聞くことができた。定価3万9800円。

### *TOSHIBA* ***RT-SW7***

1984年発売。定価4万7800円。「SUGAR」と名付けられた。Wリバース、ワンタッチ倍速ダビング機能搭載。テレビCMには当時10代の原田知世が起用されていた。

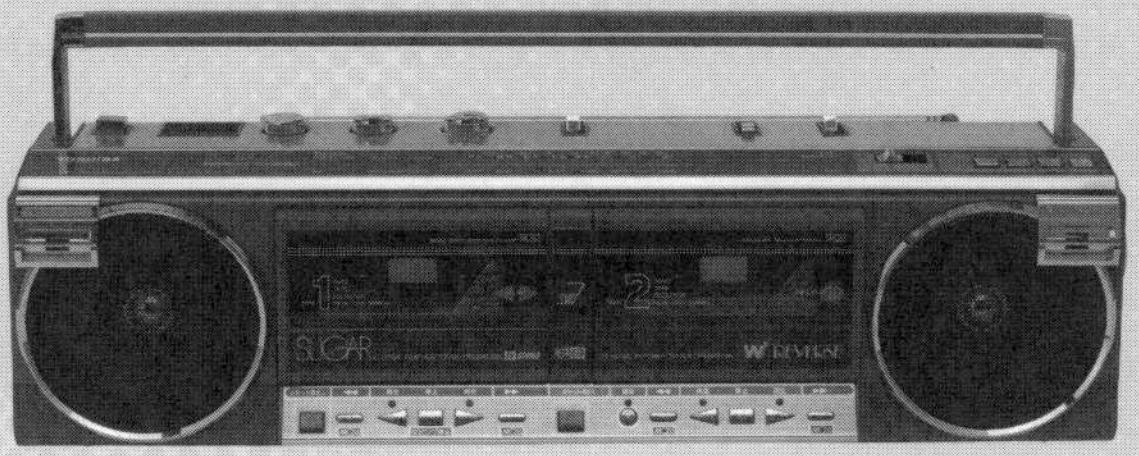


# Vintage Boombox Gallery

### *SONY* ***CFS-W600***

1984年発売。定価4万9800円。Wデッキでグライコを搭載。その後、ラジカセに代わって人気を博すミニコンポの到来を感じせるモデルだ。

# ラジカセ史

## ニッポンの

もっとも身近だった
カセットテープ再生機の進化を辿る

Japanese Boombox
# HISTORY

1960年代後半、カセットテープの普及とともに登場し、消費者からのニーズに応えながら多機能になっていったラジカセは、80年代前半で進化のピークを迎える。約30年間のラジカセの歴史を振り返る。

文／大塚康一

### 国産初のラジカセが誕生したのは1967年

「ラジカセ」、すなわちラジオカセットレコーダーは、コンパクトカセットテープレコーダーとラジオチューナーを一体化したオーディオ機器である。世界初のラジカセは、カセットの開発メーカーでもあったオランダのフィリップス社が1966年に発売した「22RL962」だ。これはボックス型ラジオの上部に、やはり同社初のカセットレコーダー「EL3300」が水平に載ったようなデザインだった。だが、すでにキャリングハンドル付きで、ポータブルオーディオもしくはモバイルオーディオとしてのラジカセの基本コンセプトを提示していたのだ。

日本初のラジカセは、1967年12月に発売されたナショナル（松下）の「RQ-231」だ（フィリップスのOEMとも）。通説では1968年に発売されたアイワの「TPR-101」が日本初のラジカセとされていたのだが、実は前者の方が先だったわけだ。ただし、ナショナルのはFM／AM2バンドに対し、こちらはFM／SW／AMが受信可能な3バンドのラジオレコーダーであった。いずれもラジオ放送が直接カセットに録音再生できることが画期的だったわけだが、レベルメーターやテープカウンターなどカセットデッキに準ずる機能を備えていながら、いまだモノラル仕様であり、オーディオ機器としては当時トップレベルの高音質ソースであったＦＭ音楽番組の録再においても、カセットのポテンシャルを十分に活かせたとは言えなかった。そもそものコンセプトからして、あくまでラジオ番組や会議の録音、語学練習などに便利な、お手軽オーディオ機器だったのである。

## モノラルからステレオへの移行と機能の充実

ＦＭのステレオ化が進み音楽番組もステレオで放送されるようになると、エアチェックを本格的なコンポだけでなく「ラジカセでも！」という需要が高まり、必然的にステレオ化が望まれるようになってくる。そんな中でブレークスルーを果たしたのが、１９７１年に発売された日本初のステレオラジカセ「ＳＯＮＹ ＣＦ-２５００」だ。キャッチフレーズは、

ラジカセ
**chronology**

- **1966** 世界初のラジカセ「22RL962」がオランダのフィリップス社より発売
- **1967** 12月、日本初のラジカセ「RQ-231」がナショナル（松下）より発売
- **1968** アイワ「TPR-101」が発売
- **1971** 日本初のステレオラジカセ「SONY CF-2500」がソニーより発売
- **1975** ビクターのステレオラジカセ第１号「RC-707」が発売
- **1976** パイオニアが「RK-888」を発売。ラジオカセットを“ラジカセ”と呼んだウルフマン・ジャックを起用したCMが評判となり、“ラジカセ”という言葉が浸透していくきっかけに
- **1978** ラジカセの高品質化が加速

Japanese Boombox
# HISTORY

AIWA **TPR-101**

ずばり「ＦＭステレオ、ステレオ録音・再生がワンボックスで楽しめる。画期的なワンポイント・ステレオの誕生！」だった。カセット部分を前面の中央に、チューナー部分を上部に配置するという逆転の発想で操作性に優れ、なおかつ洗練されたデザインも秀逸な傑作モデルと言えよう。これ以降各社から独自の個性と高スペックを打ち出したステレオ仕様モデルが続々と発売されていくこととなる。カセットデッキ並みのLR独立レベルメーターやミニコンポ風のデュアルコーン・スピーカーを搭載し、クロームテープにも対応した１９７５年発売のビクター第1号ステレオラジカセ「ＲＣ-７０７」なども、そうしたラジカセのひとつである。

　ステレオ化と前後してモノラル機でも進化していた点として、ラジオ受信機能や録再機能の充実が挙げられるだろう。ラジオは従来のＦＭ／ＳＷ／ＡＭに加え、ＶＨＦやＵＨＦのＴＶ音声まで受信でき、家庭用ビデオデッキが普及する以前のＴＶ番組〝録音〟にひと役買っていた。当時の若者を中心とした海外の短波放送を聴いて楽しむＢＣＬ（Broadcast Listening）ブームにあやかって、その電波を受信可能なＢＣＬラジカセとも呼べるモデルが登場している。１９７５年に発売されたナショナルの「ＲＱ-５８５」は、通常のロッドアンテナの他に、ＢＣＬ受信用の回転式ジャイロアンテナを備えていた。また、１９７４年に発売されたソニーの「ＣＦ-１９８０」（スタジオ１９８０）はラジオ／カセット／ワイヤード&ワイヤレス・マイク／ライン入力といった複数の音源をミックスして録再できる多機能を誇り、モノラルながらも安定したテープ走行と大口径ウーファー＋トゥイーターの2ウェイ・スピーカーによる迫力再生など、数年に渡ってシリーズ化されるほどの大ヒット作となった。

PIONEER **RX-888**

ところで、同じく1976年にパイオニアが発売した「RK-888」も、ラジカセの歴史には欠かせないモデルだろう。当時非常に人気のあった外国人DJのウルフマン・ジャックを起用したCMが評判を呼び、そこで使われたラジオカセットを〝ラジカセ〟と略す呼び方が広く浸透するきっかけになった。ちなみに、同社は〝ラジカセ〟を商標登録するはずだったのだが、実現せず(既に略称が一般化しつつあったため)、結果的にこの種の製品を指す普遍的な名称になったという経緯がある。

ラジカセ
**chronology**

**1979**
日本初のダブルラジカセ「GF-808」がシャープより発売
華やかなカラーリングの通称“おしゃれなテレコ”「MR-U4」がサンヨーより登場

**1981**
DSLを採用した「CS-J88」がアイワより発売。これを筆頭に大型ラジカセが続々と発売される

**1982**
スーパーウーファーを搭載した「GF-1000」がシャープより発売

**1985**
3台のカセットデッキを内蔵したラジカセ「RX-F333」をナショナルから発売
初のCDラジカセ「CFD-5」がソニーより登場

Japanese Boombox
# HISTORY

## 大型化と重低音再生、そしてコンパクトへの回帰

1970年代後期から1980年代に入ると、ステレオ仕様はもちろん、マルチウェイ・スピーカーの搭載、大出力アンプの内蔵、クロームテープやメタルテープへの対応などによってラジカセの高音質化はさらに進んでいく。ミニコンポに匹敵する操作性(マイコンによるフェザータッチのボタンや選曲機能など)や音質を追求した結果、左右のスピーカーとセンターのメカ部分を分離したセパレート構造の大型ラジカセが出現するのも、この頃からである。

特に若年層にとっては、携帯性より重低音や大音量の再生を重視する傾向もあった。これはロックやポップスをはじめ、1980年代にアメリ

カで台頭したヒップホップなどストリート系ミュージックの影響が大といううことだろう。アイワのDSL＝ダイナミック・スーパー・ラウドネス採用『CS-J88』（1981年）、シャープのスーパーウーファー搭載「GF-1000」（1982年）、ソニーの初代ドデカホーン「CFS-W60」（1986年）などが代表的なモデルだ。横幅50〜70センチ以上、電池を含めて重さ数キロ〜10キロ以上にも及ぶ大型ラジカセはアメリカへも大量に輸出され、アフリカ系やヒスパニック系の人たちにも大人気であった。彼らが巨大なラジカセを肩に担いで歩いている写真や映像を、ご覧になったことがあるだろう。こうした重低音&大音量サウンドを再生できる大型ラジカセに由来するのか、海外では「ブームボックスまたはブーンボックス（Boombox）」、「ゲットーブラスター（Ghettoblaster）」と呼ばれていたが、今ではサイズの大小にこだわらず、ラジカセの総称ともなっている。

興味深いのは、こうした大型化の反動で、よりラジカセの原点というか、逆にもっと手軽に扱えるコンパクトなラジカセの需要が生まれてくるということだ。1979年に愛称〝おしゃれなテレコ〟のサンヨー「MR-U4」が登場すると、ある意味行き過ぎた感もある全部入りのラジカセを敬遠していた女性層や高年齢層をも取り込むことに成功。以後カセット本来の使い方に回帰しつつ、それまでのシルバーやブラック一辺倒だったラジカセのデザインを一新したカラーリングで、ファッショナブルあるいはチャーミングという新たなラジカセの分野が誕生するきっかけともなった。

AIWA **CS-J88**

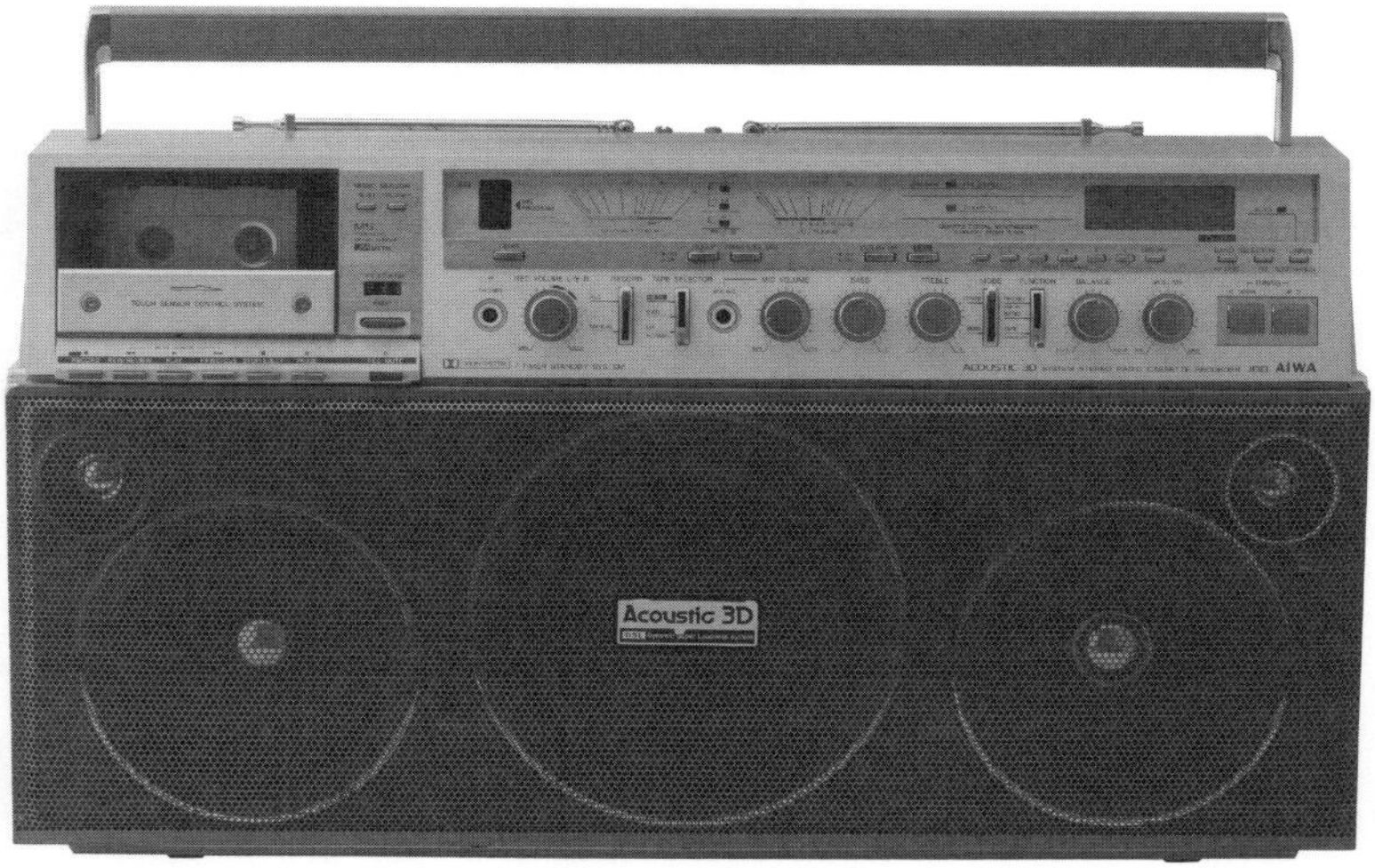

National **RX-F333**

Japanese Boombox
# HISTORY

また同じく1979年には、日本初のダブルラジカセ＝シャープ「GF-808」も登場し、1台のラジカセで連続再生やテープどうしのダビングが可能となった。このWカセット方式によってエアチェックテープや自作テープのコピーが簡単にでき（倍速ダビング可能な機種もあった）、友達どうしのテープ交換やライブラリーの編集、多重録音再生などに大いに役立つこととなった。なお、ナショナルは1985年に3台のカセットデッキを内蔵した、恐らく世界初にしてワン&オンリーのトリプルカセットラジカセ「RX-F333」を発売している。

## アナログとデジタルの合体〜CDラジカセの登場

そして遂に、1985年には初のCDラジカセであるソニー「CFD-5」が登場する。しかし、前年1984年に発売された初のポータブルCDプレーヤーを流用。従来のスピーカー分離型ラジカセの筐体上部に搭載しているため、ラジカセというよりは、むしろミニコンポに近いサイズとビジュアルであった。

続く1986年、同社は前出ドデカホーンとほとんど同じサイズの筐体に縦型CDプレーヤーとカセットデッキを内蔵した、初の一体型「CFD-D77」を発売する。高速で精密回転するディスクの重低音再生を標榜する筐体に組み込むため、音飛びやノイズの解消に苦労したそうだが、最終的には見事にまとまったデザインとなっている。当然のごとくこのモデルはベストセラーとなり、それ以降各社が発売するCDラジカセの規範となったのであった。

各社が音質と利便性、デザインを追求した70〜80年代

# 驚きの機能を搭載した黄金期のラジカセ

カセットテープの普及と共に60年代末に誕生したラジカセは、年を追うごとに目覚ましい進化を遂げ、80年代前半にそのピークを極める。そんな黄金期のラジカセの機能を振り返る。

文／中村雅哉（ビデオ工房トパーズ）

## 全盛期の現在のラジカセの比較

全盛期のラジカセは、カセットメカが高精度に加工されていて、テープ走行の安定した録音再生ができるのだが、残念ながら、現在販売されているラジカセやカセットデッキにはこれほどの安定走行のメカは搭載されていない。全盛期と現在の製品との録音再生を比較すると、現在の製品は録音状態の良いテープなどの再生に関しては、ほぼ違和感がない（ただし自己録音再生した場合は、ピアノ等の変化のわかりやすい音源は違和感のある音だった）。ドルビーを使うと音がこもるという話を聞くが、これはテープとデッキが合っていない場合に起きる現象であり、テープ性能を発揮できるバイアスと感度調整ができる機能で防げる。

現在のラジカセやカセットデッキはテープヒスノイズを減らすドルビーノイズリダクションを使用した録音はできないが、カセットデッキは互換再生できる機種がある。カセットテープで良い音質で録音をしたい場合は、中古

**1986**

CDラジカセの機種も増え、バブルラジカセの先駆けとなる重低音用スーパーウーハー内蔵CDラジカセが発売。

**1980**

ノイズリダクションシステム「アドレス」や、PLLシンセサイザー採用、オーディオコンポを分離一体型のポータブル用にした機種も登場。

**1970年代初頭**

ステレオのラジカセが登場。ワイヤレスマイク、ミキシング機能、曲の自動選曲機能、テレビ音声受信などの機能が追加され、スピーカーの大型化など、高音質化へ向かう。

なかむら　まさや／1961年生まれ。埼玉県出身。高校生からオーディオに熱中。ケーブルテレビ局を経て、1996年にビデオ工房トパーズを開業。最近は、オーディオ関係の実験研究と新製品のレポートをしている。　http://www.video-koubou-topaz.jp/

でも全盛期の整備済みカセットデッキやラジカセを選ぶのがお勧めだが、電子部品の劣化以外にメカに使用されている樹脂部品の経年劣化による破損が心配である。大切な古いテープを再生する場合は、カセットメカの動作確認とクリーニングをし、磁気テープやハーフ内のカビやリーダーテープと磁気テープ接合部分の剥がれ、リーダーテープを巻いているハブに取り付けているリブの破損も確認した方がいいだろう。

## 全盛期のラジカセはテープ走行の安定した録音再生ができる

The GOLDEN AGE of boomboxes

## ラジカセの進化 77~86年

**1977**
16センチスピーカーを採用した大型化したモデルが登場。

**1978**
回転ムラは0.07%以下になり、カセットデッキレベルに。ドルビーノイズリダクション搭載機も発売される。

**1979**
Wカセットラジカセ発売。ソフトタッチコントロールとロジックコントロール、A面からB面へ自動反転するオートリバース機能を搭載したモデルも発売。さらに約0.4秒で反転するクイックリバースも登場。

**1981**
低音増強のスーパーウーハーやパッシブラジエーター搭載機種や20センチスピーカー搭載した大型機登場。

**1982**
平面スピーカー搭載機種が登場。

**1984**
Wセットに倍速が搭載され小型機種も多様化。ミニFM放送ブームもありFMステレオトランスミッター内蔵も登場。

**1985**
防水のスポーツタイプやカセットが3連のラジカセ登場。

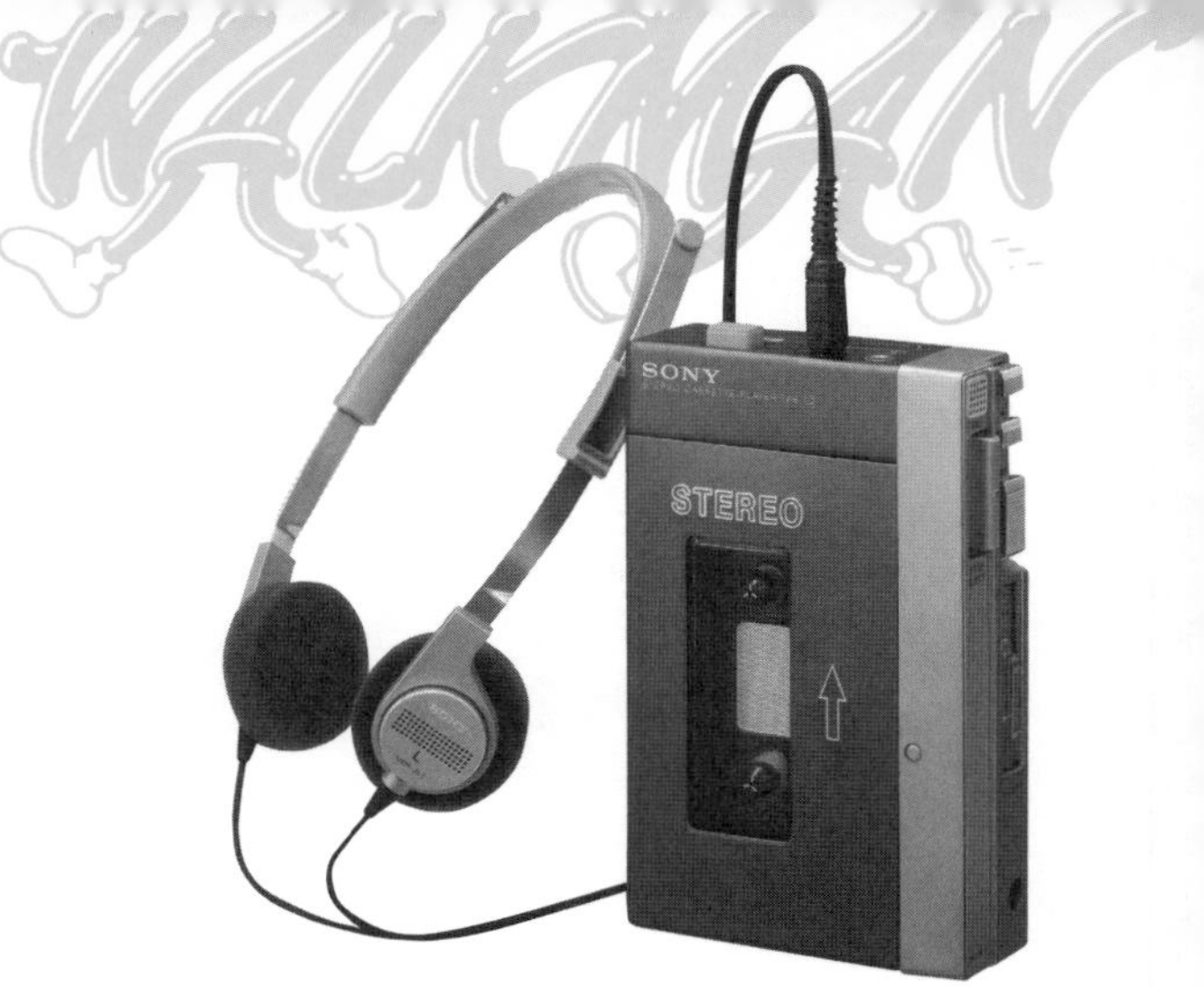


# 音楽の聴き方を変えた カセットテープの相棒

# ウォークマンとヘッドフォン・ステレオ

**屋外でも気軽に音楽を楽しむライフスタイルは、ヘッドフォン・ステレオによって広く普及した。その先駆者はウォークマンだった——。**

文／大塚康一

## ヘッドフォンで気軽に音楽を楽しむ時代、それはウォークマンから始まった

カセットテープがオランダのフィリップス社によって開発されたのは1962年（ノーマル／TYPE Ⅰ）。その4年後の1966年にはが国産のカセットテープの発売がスタートしている。その後1970年、西ドイツのBASF（バスフ）が世界初のクロームテープ（ハイポジション／TYPE Ⅱ）を発売したことで、カセットの音質特にノイズ面が画期的に改善された。そして1973年にソニーが、やはり音質面でノーマルとクロームの長所を活かしたフェリクロームテープ（TYPE Ⅲ）を発売。1978年には住友3Mが「スコッチ」ブランドで世界初のメタルテープ（TYPE

**TPS-L2**

上の写真はソニーが1979年に発売した世界初のヘッドフォンで聴く携帯型ステレオ・カセットプレーヤー、初代「ウォークマン」。既存の「プレスマンTCM-100」をベースに作られた。

Ⅳ）を発売したことにより、遂にカセットテープは究極の音質を獲得することになった。翌1979年には早くもTDK、ソニー、マクセル、フジ、デンオンなどからメタルテープが発売されている。

既に国産初のラジカセは、カセットがいまだノーマルポジションの時代であった1967年にナショナルから発売されていたが、世界初のヘッドフォン・ステレオはソニーが1979年に発売した初代「ウォークマン」（TPS-L2）である。当時カセットテープの文字通りコンパクトさを活かしたプレーヤー／レコーダーは、家庭用のラジカセやレコーダー、そしてカーオーディオなどだった。これらはステレオ仕様だったが、手軽に持って歩ける小型・軽量の機器は、内蔵スピーカーにしろ、イヤフォンで聴くにしろモノラル仕様しかなかったのである。

## 小型で軽量なステレオ・カセットプレーヤー誕生の経緯と伝説的エピソード

ソニーが1978年に発売した〝カセットデンスケ〟「TC-D5」は高性能な肩掛け型ポータブルレコーダーだったが、サイズ的にも価格面でも一般ユーザーが手軽に扱うという製品ではなかった。当時ソニーの名誉会長でもあった井深大氏もTC-D5を愛用していたが、その重さが不満だったという。そこで1978年に発売されていた同社の小型テーププレコーダー「プレスマンTCM-100」を基に、録音機能と内蔵スピーカーを省き、モノラルからステレオ仕様へ改造したモデルを、当時会長の盛田昭夫氏が中心となって開発することになった。ヘッドフォンは新開発の超軽量・小型のオープンエアー型「H・AIR（ヘアー）」を組合せ、基本コンセプトが出来上がった。ユニークなのは、2人で仲良く聴けるようヘッドフォン・ジャックを2つ設け、なおかつヘッドフォンをしたまま会話できるトークボタン〝HOT LINE〟を付けたこと。なお、この2つのジャックの表記は初期ロットでは「GUYS & DOLLS」であったが、後に単なる「A・B」に変更されている。現在のジェンダーレス指向とは関係ないだろうが、興味深い事実だ。

余談ながら、海外では和製英語「WALKMAN」は通用しないと考えられ、「SOUNDABOUT」（米）、

WALKMAN and headphone stereo

「ＳＴＯＷＡＷＡＹ」（英）、「ＦＲＥＥＳＴＹＬＥ」（豪）などと呼ばれていたが、盛田氏の号令一下、「ＷＡＬＫＭＡＮ」が世界統一名称として使われることになった。結局この和製英語は、ヘッドフォン・ステレオの総称と誤解されるまでに一般化したのであった。

## 各メーカーの参入と世界的な普及 カセットテープの進歩に伴う性能の向上

ウォークマンの成功以後、インドア／アウトドアでポータブル・カセットプレーヤーを携えてヘッドフォン／イヤフォンで音楽を聴く——というリスニングスタイルが完全にオーディオの一形態として定着。各社から同種のヘッドフォン・ステレオがキラ星のごとく発売されていく。アイワ「カセットボーイ」、東芝「Ｗａｌｋｙ」、シャープ「Ｏｈ！」、日立「ＰｅｅＷｅｅ」、松下「Ｗａｙ」サンヨー「ＪＪ」とそれぞれが個性的な愛称を付け、イメージキャラクターに女性アイドルを起用するなどして多くのファンを獲得し、一大市場を形成した。プロモーションの成果もあり、著名なスポーツ選手や芸能人らが愛用。ファッションや映画の小道具として度々登場したが、映画『バック・トゥ・ザ・フューチャー』（１９８５年）で主人公がアイワのカセットボーイＨＳ-Ｐ7を使うシーンなどが話題となった。

またカセットテープの高性能化に伴って音質改善を果たしてきたが、メカニズムそのものも次第に多くの機能を身に付けるようになっていった。音出しが基本的にヘッドフォンとスピーカーの違いはあるものの、ある意味ラジカセに近い進化だ。ラジオチューナーをはじめ、オートリバースやグライコ、リモコンの搭載、スピー

ソニーのウォークマンより安価だったアイワのヘッドフォン・ステレオ「カセットボーイ」。若者から支持された

カーの内蔵、録音機能、ドルビーNRへの対応などが挙げられる。そんな中、今でもマニアが探し求める伝説的モデル「ウォークマン・プロ」（WM-D6）がソニーから発売されたのは1982年のことだ。カセットテープを使って高音質でアナログ録音できる最後のウォークマンであり、ヘッドフォン・ステレオの最高峰でもあった。

**ウォークマン2（WM-2）**

1981年に発売された2代目ウォークマン。カセットのケースサイズを意識したより小型化、メタルテープ対応を果たしたモデル。販売台数250万台の大ヒットを記録した

# WALKMAN and headphone stereo

## 現代のヘッドフォン・ステレオ事情と アナログ・カセットテープ時代へのリスペクト

現在でもヘッドフォン・ステレオは市販されている。主なソースはカセットテープではなくデジタルデータに代わったが、アナログ音源であるカセットのレガシーをデジタル技術で活用する製品も現れている。例えば、ADコンバーターを内蔵してカセットの音をMP3やWMAファイルへデジタル変換し、パソコンやメモリーカードに保存できるというものだ。しかし、2019年にソニーが限定発売した初代ウォークマン「TPS-L2」をリスペクトした40周年記念モデル「NW-A100TPS」こそが、特筆されるべきだろう。最新のDAP（デジタル・オーディオ・プレーヤー）であるハイレゾ・ウォークマンながら、同梱のソフトケースが何とTPS-L2を模したデザインそのもので、あたかもアナログ時代のウォークマンのようなビジュアルを再現している。曲名やアーティスト名はテープのラベルに相当する箇所に表示されるという、凝ったギミックも感涙ものであった。

あんなブランド、こんなメーカーがありました！

# 懐かしのオーディオ・メーカー

nostalgic audio brands

文／大塚康一

## ブームを盛り上げた主役・脇役たちの足跡

オーディオシステムとは音楽を再生する電気製品であり、当然その関連の技術力が音や使い勝手に繋がってくる。そんなオーディオ専業メーカーはもちろん、元々高い技術力を持つ他分野のメーカーが独自のコンセプトで参入し、オーディオブームの立役者となったのだ。

ご存知のように、当時の代表的なメーカーやブランドは現在もオーディオ製品を作り続けているところがある反面、既にオーディオから撤退したり、会社そのものが倒産または吸収合併などで消滅した例も少なくない。しかし現行製品は言うに及ばず、かつて製造された名器や評価の高い優れた製品が、いまだに中古市場やオークションで取引されているのも事実だ。そうした製品の良さを知るためにも、メーカーのアイデンティティや製品の傾向を知ることは大切だろう。

その中から特にラジカセやカセットデッキ、ミニコンポなどを中心に製造あるいは製造していた国内メーカーの設立から現状までの簡単なストーリーと、代表的な製品をご紹介しよう。

## ケンウッド

KENWOOD

### 旧御三家の称号にふさわしい実力を現代に活かす

前身は、かつてのオーディオ御三家だったトリオ。1946年の創業時は春日無線電機商会で、セパレートステレオから高級コンポまで優れたオーディオを開発し、1986年社名を海外ブランドのケンウッドに変更。2011年に日本ビクターと合併し、JVCケンウッドとして再出発している。

## アイワ

AIWA

### 国産初のカセットデッキなどを開発した実力

前身は1951年創業の愛光電気産業で、ブランド名「アイワ」は愛を丸で囲んだロゴに由来する。国産初のカセットレコーダー（1966年）やカセットデッキ（1968年）などを開発したが、1969年ソニーの傘下となる。紆余曲折を経て、2017年より十和田オーディオが商標権を取得。

## サンスイ

SANSUI

### 高度な電源技術で音楽再生のグレードを向上

往年のオーディオ御三家サンスイは、1947年に菊池幸作が設立したトランス製造販売会社がオーディオメーカーへ転身。全盛時は同社製アンプでJBLスピーカーを鳴らすのが定番だったが、デジタル化に遅れ、2014年に破産。その後ドウシンシャがブランドを引き継ぐが、2021年終了した。

## アカイ

AKAI

### 世界的に評価の高いテレコとデジタル技術

1946年、赤井三郎によって創設され、1954年開発のオープンリールテープデッキをはじめ、独自のオートリバース機構を持つカセットデッキなど世界的に評価の高い製品が多い。1987年以降、親会社の三菱電機と提携したA&Dブランドのオーディオが失速、現在はDTM関連製品が主流だ。

## ソニー

SONY

### 音と映像で世界をリードするトップブランド

1946年、井深大、盛田昭夫らによって設立された東通工が母体。1950年日本初のオープンリールテープレコーダー、1955年、日本初のトランジスターラジオを発売。後にこの時のブランド「SONY」が社名となる。AV両分野での功績は多いが、白眉はウォークマンとCDの開発だろう。

## オンキョー

ONKYO

### アナログからデジタルまでオーディオを席巻

オンキョーのルーツは、松下電器から独立した五代武が1946年に設立した大阪電気音響社。スピーカーやアンプからコンピューターまで手掛け、オーディオ界を席巻した。2015年にパイオニアを子会社化したが、2022年に経営破綻。ハイレゾ音源配信サイト「e-onkyo」は健在である。

## ヤマハ

YAMAHA

### 楽器からオーディオまで全てハイクォリティー

1889年に設立された山葉風琴製造所がルーツで、1897年、日本楽器製造として発足し、1987年に「ヤマハ」へ改名。現在では鍵盤楽器から管弦楽器、DTM関連さらにスポーツ用品、乗り物まで手掛ける。オーディオもスピーカーやアンプ、プレーヤーなど多岐に渡る万能メーカーである。

## テクニクス/パナソニック/ナショナル

Technics/Panasonic/national

### 家電とAVシステムを常に革新する大会社

松下幸之助が1918年に創立した松下電器のブランドは、主に家電がナショナル、海外ではパナソニック、オーディオがテクニクスである。2003年社名をパナソニックに統一。世界初のDD（ダイレクトドライブ）ターンテーブルSP-10、DJご用達SL-1200はレコード再生の革命だった。

## ビクター

Victor

### グローバルなオーディオ&ビデオ界の老舗

犬が主人の声に耳を傾けるロゴで有名なビクターは、1927年に米国ビクターの日本法人として設立（JVC）。AV両分野で高度な技術を持ち、1926年に世界初のブラウン管テレビ、1958年に日本初のステレオレコード、1976年にVHS方式を開発。現在はケンウッドと経営統合し、JVCケンウッドに。

## デノン

Denon

### プロ機製造技術を誇る古くて新しいブランド

1939年創業。社名は日本電氣音響の略称「デンオン」が元になっているが、2001年にコロムビアとの合併後に海外発音の「デノン」へ変更。MCカートリッジやDDプレーヤーなど、放送局用プロ機でも有名だ。2002年、日本マランツと経営統合し、D&Mフォールディングス傘下となる。

## ダイヤトーン

DIATONE

### 世界に誇れる国産スピーカーの代名詞

「ダイヤトーン」は、1921年創業の三菱電機が1946年に発売した自社製ラジオに初めて用いたブランド名。その後NHKと共同開発のモニターや家庭用スピーカー、コンポを経て、1987年にアカイを統合したA&D発足後は、スピーカーのみに採用され、現在はカーナビなどにその名を残す。

## パイオニア

Pioneer

### 優れたスピーカーやコンポで音の発展に貢献

社名は1938年に松本望が設立した福音商会電機製作所が開発した初の純国産ダイナミックスピーカーのブランドに由来。全盛時はオーディオ御三家として多種多様なコンポやLD（レーザーディスク）プレーヤーなどを発売したが、経営不振により2015年にオンキヨーへ事業譲渡された。

## ナカミチ

Nakamichi

### 伝説となった世界最高のカセットデッキ

母体は1950年、中道悦郎が創業した千代田理研で、テープレコーダーの設計開発やOEMは1958年の中道研究所設立以降。1972年には世界初の完全独立3ヘッド式超弩級カセットデッキ「Nakamichi 1000」を発売した。2002年に倒産後も、同社のデッキは中古市場で高値取引されている。

## シャープ

SHARP

### 世界をリードするエレクトロニクスとデジタル技術

1912年に金属加工会社を興した早川徳次が1915年に発明し、大ヒットしたシャープペンシルにちなんで、1970年、早川電機シャープ株式会社に改名。電子レンジや電卓、液晶テレビなど国内&世界初の家電やデジタル製品が有名だが、1970年代に「オプトニカ」ブランドでオーディオ製品も展開。

## サンヨー

SANYO

### 家電の有名メーカーはオーディオも優秀

1949年に井植歳男（松下幸之助の義弟）が創業。社名は太平洋/大西洋/インド洋を意味し、世界的企業を目指したという。2009年、パナソニックの子会社となる。洗濯機や充電池などの家電が有名だが、オーディオはOTTO（オットー）ブランドで単体コンポやラジカセを発売していた。

## 東芝／オーレックス

TOSHIBA/Aurex

### 高い技術力を活かした通好みのブランド

“からくり儀右衛門”田中久重が1875年に創業した東芝（当時は田中製造所、後に芝浦製作所）のオーディオ製品に、1970年前後から使われたのが「オーレックス」ブランド。1990年に一旦消滅するが、2016年に復活。2018年には世界初のハイレゾ音源対応CDラジカセを発売した。

## 日立／ローディ

HITACHI/Lo-D

### オーディオも幅広く展開した世界的総合電機メーカー

世界有数の総合電機メーカー、日立製作所は、1910年に日立鉱山を母体として設立。製造は家電から重電まで多岐に渡るが、オーディオは本格コンポのローディ（Lo-D：ローディストーションからの造語）、カセットの定番マクセル、ラジカセではパディスコといったブランドを展開していた。

## ティアック

TEAC

### 高い技術でテレコから超高級コンポまで開発

1953年創立の東京テレビ音響と1956年設立の姉妹会社東京電気音響が合併してティアックとなった（英語名の頭文字に由来）。オープンリールテープレコーダーが有名だが、業務用の「タスカム」超高級コンポ「エソテリック」の評価も高く、タンノイなど海外オーディオの代理店も務める。

# オーディオが花形だった時代に
# 開発に関わったOBによる証言

# VICTOR《ビクター》
# CASSETTE DECK《カセットデッキ》

**ビクターといえば、蓄音機の時代からオーディオ機器を世に送りだしている老舗。カセットが世に広まった1970年代、メーカーの音を支える技術者には、どんな苦労や思いがあったのだろうか？**

文／川合拓郎

## 技術を詰め込んだカセットデッキ「KD669」

カセットテープが普及していく過程にあった1970年代。ハードメーカーは技術を競い合うように、市場に次々とカセットデッキやラジカセを投入していくことになるのだが……。

技術面で〝音〟を支える人たちには、どんな苦労があったのだろうか。オーディオ・ビジュアル界の老舗であるビクターで、カセットデッキの設計に携わった人物に話を聞くことができた。

インタビューに応じてくれたのは、OBの米本正氏。1971年に入社し、録機事業本部内にある、録音機事業部に配属されて設計を担当した。

「当時、ビクターはビデオデッキのほか、オーディオ機器やレコードも生産していましたが、私が所属した録音機事業部は、テープレコーダーを担当する部署でした」

カセットに関する時代背景としては、ノイズを軽減するドルビーシステムがカセットデッキに搭載され始め、クロームテープ（ハイポジションテープ）が出回り始めた、そんな時代だ。

そんな中で、オープンリールや、8カートリッジといった機器の設計に携わった米本氏。

「新しいメディアが登場すると、何となく私がやらされたという感じだったんです」

とのことで、後には世界初となるメタル対応デッキやフロッピー、DATなどの設計にも携わったそうなのだが……技術者として初めて手掛けたカセットデッキはというと「KD669」だった。

「発売されたのは1974年。値段は、最初が9万9800円で、バージョンアップしたマーク2が12万8000円だったと思います」

大卒公務員の初任給が5万5000円程度だった時代。かなりの高級品だが……なにしろこのKD669には、当時の最新の技術が採用されていた。

それまでのカセットデッキはメカニズムを機械式で動かすことが主流。KD669は、カセットデッキとしては初めて、それを電気的に動かした機種だった、と米本氏。

「フルロジック・コントロールという言い方をしていま

したが……それまでのロジック・コントロールと違って接点が一切ない、いわゆる半導体というか、トランジスターで論理を組んだものでした」

　カセットデッキを設計する上で、最も重要なのは、いかに一定速度で安定してテープを動かすか、いかにダイナミックレンジ、および周波数帯域を広げるかという点だった。

「カセットデッキの中身に関して言いますと、一番難しいのは電気系統の話ではなく、いかにテープを一定速度で動かすか、ということなんです。オープンリールもそうですが、カセットテープはメカニズム的に〝ワウ・フラッター（カセットデッキの回転部の揺れによる周波数変化）〟が生じてしまうんです」

　当時、ローエンドなカセットデッキがひとつのモーターで回転させていたのに対し、ハイエンド寄りのデッキでは2つのモーターでキャプスタンとリールをそれぞれ独自に動かし使うことでワウ・フラッターを軽減していた（2モーターIDメカニズム）。

「それでも、ヘッドの部分で録音・再生する際の回転の揺れをゼロにするというのは、ものすごく難しいことだったんですね」

　また、音に関する技術と言えば当時は、ノイズを軽減するドルビー・ノイズ・リダクション・システム（米ドルビーラボラトリーズ社が開発）が、民生機用として普及し始めた時期でもあった。

「録音再生すると、どうしてもヒスノイズ（磁気テープ再生時に聞こえる『シャー』といった高周波の音の雑音）がでる。簡単に言えばノイズ・リダクション・シス

米本正。1971年、日本ビクターに入社。オープンリール、カセットデッキ、フロッピーディスク、DATといった機器の設計を担当。オーディオ事業部技術部長などを歴任した。

テムというは、録音時のレベルを上げて、再生時に下げることでヒスノイズを減らすシステムでした」

ドルビーBでは改善効果は10dB。1981年に登場するドルビーCでは20dBと性能は倍増したが、ビクターでは、そのノイズ・リダクション・システムを独自開発していた。

「ANRS（アンルス）といって、ドルビーシステムとの互換性もありました」

## 果たして〝いい音〟とは何を指すのか

やがて技術者である米本氏の胸中で、ある疑問がくすぶり始める。それは、再生される音に関する問題だった。

「オープンリールでもカセットもそうですが、音楽用としての磁気テープを語るときに、蓄音機やステレオから出発している人間と、録音機から出発している人間とでは〝いい音〟の概念に違いがありました」

ステレオ出発型技術者は「現状において最高の音にする再生芸術」という考え方で、誤解を恐れずに言えば「この際、元の音は関係ない」とする立場だと言えるだろう。

「一方、私のような録音機出発型は、生で聞いたときの音と、録音後に聞いた音の差を、いかに少なくするかというのが考え方の原点なんですね。〝いい音〟というのは主観的ですから。極端に言えば、そもそも、いい音なんてないということもできますよね」

米本氏をはじめ、ビクターの技術者はどちらかと言うと音楽が好きでこの道に入ったという人が多かったが、技術者としては好き嫌いや感覚だけではなく、技術に裏打ちされた視点が必要と考えていたという。しかし反面〝感覚〟を頼りに音を設計する他社が気にもなってもいた。そして、なぜ気になってしまうのか……米本氏の疑問はそこにあった。

「大きな声で言うのは憚られるんですが（笑）。TEACさんのカセットデッキはいい音がするなと思っていました。技術屋としては、なぜTEACの音をいいと感じるのか、数値的に突き詰められればよかったんですが……結局はわからずじまいでしたね」

## 音のデジタル化によって出せなくなった個性

また、感覚を頼りにしているという意味では、評論家にたいしても同じようなモヤモヤ感を抱いた経験があるそうだ。評論家らが音を語る際に指標にするのは（S／Nやダイナミックレンジ、また周波数特性といった）メーカーが発表する数値。それに、自分自身の耳ということになるのだが……米本氏はこう語る。

「テスト段階で評論家に音を聴いてもらい、意見を求めるのですね。いい加減な人もいましたが……中には、こちらが思わず唸るような、すごい耳を持った人もいたんです」

米本氏らが数値的に調整した音の違いを、何回やっても正確に聞き分ける評論家がいたのだそうだ。そして、その評論家が良しとする音は、必ずしも周波数特性がバランス的に優れているとは限らない。

「音の良し悪しというのが、科学的に突き詰められるものなのかどうか。そもそも、音の良し悪しと数値に相関関係があるのか、これがわからないんです。突き詰める

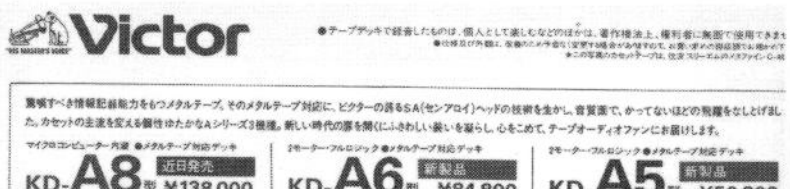

右は「KD-669」と同時期に発売されたANRSを搭載したカセットデッキ「KD-667MKⅡ」の当時の広告。定価５万1800円。左はメタルテープに対応した1979年発売のカセットデッキ「Aシリーズ」（左）。価格は5万9800円～13万8000円だった

と、耳の話だ、脳の話だということになってしまうのでは？　という気もしちゃうんですよね」

しかし、米本氏が思う、思わないにかかわらず、音に関する技術は歩みを止めることなく進歩する。ハイレゾがここまで普及した現代では、結果的にダイナミックレンジは広がり、周波数特性は人間の可聴範囲を優に超えることになる。

「ビクターの歴史が蓄音機から始まっているから言うのではありませんが……数年前まで前橋工場にオーディオ事業部があったんですが、ときどき音楽好きのメンバーを集め、蓄音機（SPレコード）、LPレコード、CD、DVDオーディオの聴き比べをしました。それぞれのメディアで同じ歌手を聞かせて『どれが好きですか？』と聞くと、決まって『やっぱり蓄音機が良いよな』という意見でしたね。確かに、何とも言えない温かさがありますが……そう言われると、技術者としてはモヤモヤが残りますよね」

1971年にビクターに入社して以来、カセットデッキなどの設計を通して〝音〟と向き合ってきた米本氏。50年以上が経過した今、オーディオメーカーが衰退していった理由をこう分析する。

「音のデジタル化ということに尽きると思います。音がデジタルになると、ハードとしては差別化が非常に難しくなりますから。各メーカーが、音の違いによる個性を出せなくなった、ということですよね。たしかに音の良し悪しはデジタルでも十分にありますが、一方でその差はごく一部の人たちにしか必要とされないものになっているのではないか？　そんなふうに感じることもあります」

それでも、人々が音楽を聴かなくなったわけではない。生の音を聞きたい人はライヴ、コンサートに足を運ぶし、スマホで十分と気軽に音楽を楽しむ人もいる。

「そう考えると、私たちは当時、本当にユーザーの求めるもの提供することができていたんだろうか、と思ってしまうんです。余計な機能を付けたりだとか、そんなことばかり考えてしまっていたんじゃないか、という反省は残りますね」

音の世界は迷宮。ハイレゾ時代の技術者も、米本氏と同じようなジレンマを感じているのかも？

最後に現在のカセットテープの状況ついてご紹介します。

録音用のブランク・テープは、残念ながら現行品だとマクセルのURだけの販売となっています。もし、よりよい音で録音したいならデッドストックを手に入れるか、使用済みに上書きするしかありません。

一方で、ソフトとしてのカセットテープの動きは活発です。山下達郎が2023年の春から『FOR YOU』を含むシティ・ポップの名盤をカセットテープでも再発することが決まっています。また東京・中目黒にある『waltz』は、駅から徒歩10分ほどの閑静な住宅街の中にあるカセットテープの専門店で、オシャレな雑貨屋さんのような店内には海外から輸入した「ミュージックテープ」が並び、購入することができます。

では、今、カセットテープを聴くならどんな方法があるでしょうか？

かつての人気オーディ・オーカーの多くは、なくなってしまいましたが、現在でもソニーや東芝のCDラジカセは作られており、量販店で購入することができます。さらに今回、紹介した70〜80年代風のルックスをしたラジカセがORION、CICONIA

## 聴くのなら……

といったブランドから発売されています。これらはMP3への変換ができたり、Bluetooth機能を搭載していたりと令和ならではモデルとなっています。

しかしながら、より高い音質、あるいは、メタルテープの再生や録音を考えているのなら、当時のデッキやラジカセを手に入れるしかありません。

ではどこで買えばいいか？　ネットオークションで手に入れる方法もありますが、壊れたラジカセ／デッキをつかまされるリスクを回避するなら、やはり安心できるお店で買いたいもの。東京・渋谷の「ハンズ」1Bフロアにある「DESIGN UNDERGROUND SHIBUYA-BASE」では、整備済みのヴィンテージ・ラジカセやデッドストックのカセットテープなどを販売しています。こちらはラジカセ／カセットテープ界の重鎮である家電蒐集家・松崎順一さんのお店で、老若男女、お客さんが途切れない人気店。修理も受付けており、もし自宅に古いラジカセがあり、また使ってみたいと考えているなら、相談するのもいいかもしれません。

## 今の時代にカセットテープを

70年～80年代のカセットテープ・カルチャーを振り返る

# シティ・ポップとラジカセ

第1刷　2023年3月31日

編著
**開発社**

発行者
**小宮英行**

発行所
**株式会社徳間書店**

〒141-8202 東京都品川区上大崎 3-1-1 目黒セントラルスクエア
電話　編集（03）5403-4344 ／ 販売（049）293-5521
振替　00140-0-44392

印刷・製本
**大日本印刷株式会社**


Printed in Japan
ISBN 978-4-19-865608-9